GETRÄNKE

PORTO
CRUZ
CRUZ
CRUZ
CRUZ
CRUZ
PORTO CRUZ

Laura Conti

GETRÄNKE

Mit 106 berühmten Drinks
aus aller Welt,
exklusiv für dieses Buch
fotografiert von
Hans Joachim Döbbelin

SIGLOCH
EDITION

Zur Abbildung auf Seite 2:
Die traditionellen Portweinboote mit ihrer charakteristischen, hochschnabeligen Bauweise, den stark aufgeblähten Segeln und den Holzfässern an Bord sieht man heute nur noch selten. Der Portwein, ein schwerer Dessertwein, der an den sonnigen Hängen des Dourotales in Nordportugal reift, wird gleich nach der Kelterung in die riesigen Lagerhäuser von Vila Nova de Gaia bei Porto gebracht. Früher wurden die Weinfässer mit den Portweinbooten auf dem Douro flußabwärts transportiert. Heute befördert man ihn bequemer und sicherer mit der Eisenbahn.
Rechts: Wasser – das älteste Getränk der Welt – ist wieder in Mode gekommen. Im Zuge eines zunehmenden Gesundheitsbewußtseins und der Fitneßwelle reicht man heute weniger Aperitifs, Tischweine und Digestifs vor und zum Essen, sondern klare, geschmackvolle Mineral- oder Tafelwässer.

Sigloch Edition & Co., Lettenstraße 3, CH-6343 Rotkreuz/Zug
Verlagsleitung: Hans Kalis

Redaktion und Herstellung: Dr. Renate Mangold und Michael Sanny, Sigloch Edition, Künzelsau
Reproduktion: Eder Repros, Ostfildern
Satz: Setzerei Lihs, Ludwigsburg
Druck: Graphische Betriebe Eberl, Immenstadt
Papier: 135 g/m² nopaCoat matt der Nordland Papier GmbH, Dörpen
Bindearbeiten: Sigloch Buchbinderei, Künzelsau
ISBN 3 89393 029 9

Als dem Wasser Flügel wuchsen

Reines, klares, quellfrisches Wasser: Nie wurden Zweifel darüber laut, daß das Wasser den ersten Durst der Menschheit stillte. Nur im fernen Indonesien entwickelte man jüngst die Meinung, der Java-Mensch habe, als er in der Urzeit von den Bäumen stieg, um aufrecht zu gehen, nicht Wasser, sondern den Saft zerquetschter Früchte getrunken, wie seine Vorfahren auch. Vielleicht war es so, wir wissen es nicht.

Fest steht jedoch, daß sich die Sumerer, als sie vor rund 6000 Jahren im Zweistromland seßhaft wurden, nicht mehr lange mit Wasser allein zufrieden gaben. Sie hielten Milchkühe und tranken mit Wasser vermischte Milch, sie pflanzten Reben und tranken einen wahrscheinlich leicht gewässerten Wein, sie buken Malzbrot aus keimender Gerste, lösten es in Wasser auf, ließen es vergären und tranken Bier.

„Als dem Wasser Flügel wuchsen, kam Geist und Phantasie in die Welt", heißt ein Homer zugeschriebener Satz. Zumindest könnte er ihn gesagt haben, denn Griechenlands geachtetster Dichter nannte Völker, die den Weinbau nicht kannten, schlichtweg Barbaren. Die

Die gesundheitsfördernde Wirkung des Mineralwassers war bereits in der Frühzeit bekannt. Und schon die Römer wußten das Gute mit dem Gesunden zu verbinden. Bereits vor 2000 Jahren brachten Sie den Mineralwasserhandel in Schwung. In Tonkrügen transportierten sie kohlensäurehaltiges Wasser aus Germanien zu ihren verwöhnten Landsleuten nach Rom. Viele der heute in Europa bekannten Thermal- und Mineralquellen gehen auf römische Entdeckungen zurück, so kurierte Julius Cäsar seine Leiden mit dem warmen Wasser von Vichy und Plinius der Ältere wußte schon die Quellen des belgischen Spa zu schätzen.

Auch in späteren Jahrhunderten unternahmen die Mächtigen und Wohlhabenden Europas teure Reisen, um sich in mondänen Badeorten einer wohltuenden Wasserkur zu unterziehen. Die reichverzierten Trinkhallen wurden zu wichtigen gesellschaftlichen Treffpunkten der vornehmen Welt, und noch heute nehmen zahlreiche Kurgäste – nach alter Tradition – ihr Wasser in den Wandelhallen berühmter Badeorte wie Vittel, Baden-Baden oder Badgastein zu sich.

Mit den verbesserten Transportwegen kann sich heutzutage jeder sein bevorzugtes Heil- oder Mineralwasser abgefüllt in Flaschen nach Hause bringen lassen und sich und seinen Gästen ein bekömmliches Getränk zu einem guten Essen oder nur zum Durstlöschen servieren.

Sumerer jedenfalls, denen Wein und Bier sehr wohl ein Begriff waren, brachten die erste bekannte Hochkultur der Menschheit hervor. Sie waren bahnbrechend im Aufbau von Städten, der Entwicklung religiöser Riten, der Schrift und dem Nachrichtenwesen. Auf ihren Siegeln, die beinahe 5000 Jahre überdauerten, unterweisen sie uns noch heute im Genuß des Biertrinkens von damals: Man trank mit langen Saugrohren aus großen Behältern. Und in ihrem Gilgamesch-Epos, Ende des 2. Jahrtausends v. Chr. geschrieben, heißt es über ein wassertrinkendes, zottiges Steppenwesen: „Der wilde Enkidu trank Bier ... und wurde ein Mensch." Wäre die Kenntnis des Bierbrauens nicht ohnedies im Laufe der Zeit von Ost nach West gelangt, könnte man das Rezept dazu von einer babylonischen Keilschrift-Tafel, die sich im Metropolitan Museum in New York befindet, ablesen.

Doch Wein und Bier wurden nicht nur am Euphrat und Tigris, sondern auch am Nil hergestellt, gebraut, viel getrunken und heiß geliebt. Man gab sie den Verstorbenen in Krügen mit in die Grabkammern. Auf der langen Reise ins ungewisse Jenseits sollten sie nicht dürsten.

Von Anfang an betrachtete man die berauschenden Getränke als Gabe der Götter. Man brachte sie ihnen als Opfer dar und behielt einen großen Teil davon für sich zurück. „Wasser mit Flügeln", das war Kult und Genuß, Nahrung und Gefährdung, Wirtschaftszweig und Bestandteil von Gesetzen. Im berühmten, über 3600 Jahre alten Kodex des Babylonierkönigs Hammurapi, der 1902 in Susa gefunden wurde und sich nun im Pariser Louvre befindet, beschäftigen sich einige Paragraphen mit Herstellung und Verkauf von Wein und Bier. Hammurapi, der selbsternannte „Begründer der Gerechtigkeit", dachte über erhöhte Weinpreise und unredliche Bierweiber, über lärmende Leute und begrenzte Quoten berauschender Getränke während der Arbeitszeit nach. Sein Kodex ist uralt und doch ohne Alter, nur die Strafen sind milder geworden, von Ertränken und Verbrennen ist nicht mehr die Rede.

Ende des 2. Jahrtausends v. Chr. brachten die Phönizier die Kunst des Weinanbaus nach Griechenland. Die stolzen, schlauen Griechen trugen sich zwar nachhaltig, jedoch nicht ganz zu Recht als Urväter der Weinkultur in die Geschichte ein. Im Namen des Dionysos, der die Wonnen des Rausches schenkte und den Geist schweben ließ, feierten sie fröhliche Feste unter dem Motto des Euripides: „Sei fröhlich, trink und halte diesen Tag für dein, denn alles andere ruht im Schoße des Geschicks."

Mit den Griechen, den Etruskern und später den Römern kam der Wein auf den Routen der Krieger und Händler immer weiter nach Norden. So sehr waren die Kelten dem Wein zugetan, daß sie darüber ihr selbstgebrautes Bier vergaßen und die etruskischen Händler für den begehrten Rebensaft mit Gold und blonden Sklavinnen entschädigten.

Woher die Germanen letztendlich die Kenntnis des Bierbrauens bezogen, ist nicht überliefert. Wir wissen allerdings Beredtes über ihren Bierkonsum nur aus der „Germania" des Tacitus. „Gäbe man ihnen, soviel sie begehrten", schrieb er, „sie würden ebenso leicht durch das Laster als durch die Waffen zu besiegen sein."

Die Technik des Weinbaus jedoch erlernten die Germanen vorwiegend von den Römern. Seit römischen Tagen blüht und gedeiht die Rebe in Europas Weingärten.

Ursprünglich in China beheimatet, verbreitete sich die Sitte des Teetrinkens in Japan bereits im 8. Jahrhundert n. Chr. Unter dem Einfluß des Zen-Buddhismus entwickelte sich die japanische Teezeremonie (Bild unten), eine rituelle Handlung der inneren Sammlung und Versenkung. In Deutschland bürgerte sich das Teetrinken erst im 19. Jahrhundert ein. Links: Tee wird noch mühselig von Hand geerntet. Die besten Teesorten kommen aus den Hochlagen von China, Indien und Sri Lanka.

Vom Genuß zum Kult

Wie verschieden sie doch sind, der elegante Tee, die beruhigende Schokolade, der sanft süchtigmachende Kaffee.

Der Weg des Tees führt zurück in die chinesischen Legenden zu den „Söhnen des Himmels", die alle Flüsse bändigten, aber den Wind nicht hindern konnten, kleine grüne Blättchen in ihr kochendes Wasser zu treiben und ihm die zarten Farben des Bernsteins zu verleihen.

Chinas Teestrauch wurde zwar schon rund 2700 Jahre v. Chr. erstmals erwähnt, doch seine große Verbreitung fand er erst im 6. Jahrhundert n. Chr. Bereits kurz danach, zur Zeit der Tangdynastie, schrieb der Poet Luh-yü sein berühmtes Fachbuch *Cha'a-king,* das lange Zeit als die „heilige Schrift" des Tees galt.

Teetrinken wurde zum höheren Genuß, zum philosophischen Zeitvertreib. Die Kaiser der Sungdynastie erhoben es zum Kult. Jeder Schluck des „flüssigen Bernsteins", schrieb der Dichter Yang Kiung, „fließt wie ein ruhiger Strom in die flatternde Seele". Nichts schrieb er jedoch von den liebenswürdigen Mädchen der Freude in den Teehäusern, nichts von den guten Geistern, die die getrockneten Teeblätter in kleinen Steinmörsern zu feinem Pulver zerrieben und mit einem Gerät aus Bambus staubfein klopften.

Während immer neue Teesorten kultiviert wurden, um erlesene Bedürfnisse mit köstlichen Mitteln zu befriedigen, fielen die Mongolen in das Land ein, und Dschingis-Khans Enkel setzten sich auf Chinas Thron. Der Glanz und die Kultur des alten Reiches waren vergangen, beides kam nicht mehr zurück, und wie sich das Brauchtum des Teetrinkens wandelte, kann man heute noch bei den nomadischen Mongolen sehen: Sie pressen den Tee in Ziegel, schlagen mit einem kleinen Hammer Stücke ab und kochen sie zusammen mit Butter, Milch und Salz.

Während die Chinesen der späteren Mingzeit ihren Tee nur mehr aus überbrühten Blättern zubereiteten, ohne ihm geheimnisvolle Kräfte zuzuschreiben, entfaltete die buddhistische Zen-Sekte in Japan jene rituelle Teezeremonie der Versenkung, „in der sich Himmel und Erde vermengen". Sie hat Jahrhunderte überdauert, man kann sie heute in jahrelanger Ausbildung in vierzig Schulrichtungen erlernen, und noch immer gelten im Teepavillon die alten Tugenden: Stille, Einfachheit, Reinheit und Harmonie.

Schiffe der Ostindien-Kompanien brachten den Tee im 17. Jahrhundert nach Europa. Seit Jahrtausenden kannte und trank man Tee aus Kräutern, doch der neue Tee aus China kam alsbald in Mode und mit ihm die exotische Lust der Mächtigen, chinesische Pavillons und japanische Teehäuser einzurichten.

Holland und England verdienten am Handel mit dem chinesischen Trank goldene Berge. Es war ihnen dennoch nicht genug. Sie wollten das chinesische Monopol brechen. Man spionierte, man raubte ein bißchen, Briten bürgerten den Tee in Assam und Bengalen ein, die Holländer holzten die Edelholzwälder Javas und Ceylons ab, legten riesige Plantagen an und zwangen die eingeborene Bevölkerung zur billigsten Fronarbeit. Nun ist Indien das größte Teeanbauland der Welt, gefolgt von Sri Lanka, Indonesien und Ostafrika. Chinas Bedeutung als Teelieferant ist auf dem Weltmarkt gesunken: Die Chinesen trinken ihren Tee selbst.

Die beruhigende Schokolade: Weder Poeten noch Philosophen haben sie mit Kulten umkränzt, und will man den naschhaften Goethe zitieren, so klingt sein Lob nahrhaft: „Wer eine Tasse Schokolade getrunken hat, hält einen ganzen Tag auf einer Reise aus."

Wir wissen nicht, wann die Azteken erstmals ihr *choko-l-atl* brauten, wir lesen nur in mexikanischen Legenden, daß Quetzalcoatl, der bärtige Mond- und Morgensterngott, die ersten Kakaosamen aus einem mythischen Land nach Mexiko brachte.

Als der spanische Eroberer Hernando Cortez 1519 in Tenochtitlán ankam, hielt ihn Aztekenkaiser Montezuma vorerst für den wiedererstandenen Gott und ließ ihm in einer goldenen Schale *choko-l-atl* servieren. Es war sein Fehler, Cortez war weder Gott noch Freund, er zerstörte das Reich und die Kultur der Azteken.

Mit geraubten Schätzen brachten die spanischen Karavellen bald die ersten Kakaobohnen nach Hause. Gegen Ende des 16. Jahrhunderts verbreitete sich das aromatische Getränk in Spanien. Im Gepäck einer königlich spanischen Dame, die Ludwig XIII. von Frankreich ehelichen mußte, und in den Taschen reisender Mönche kam die Schokolade nach Frankreich. Hundert Jahre später stieg sie zum Lieblingstrank des verspielten, kindlichen Rokoko auf. Sie paßte zum heiteren Lebensgenuß, zur kleinen Intrige, zum Reifrock, zu den Rüschen, zur Schäferdichtung. Im Grunde genommen war sie immer ein verspieltes, süßes Getränk „für Kinder, Damen und Mönche", und so verlor sie auch gegen Tee und Kaffee mehr und mehr an Boden. Sie wurde zum Kindertrank, und nur durch raffinierte Rezepte konnte sie sich die Gunst der Erwachsenen zurückholen.

Die Urheimat des Kaffees liegt im Südwesten Äthiopiens in den Bergen des alten, heidnischen Königreiches Kaffa. Vermutlich haben die Kaffa, ein kuschitisches Volk, bereits vor vielen Jahrhunderten aus den Samen des wildwachsenden Kaffeestrauches einen Trank gebraut. Erst aus dem 15. Jahrhundert gibt es vereinzelte Nachrichten über den Anbau von Kaffee im Jemen, die sich im 16. Jahrhundert mit dem Aufschwung der Hafenstadt Mokka am Roten Meer verdichteten.

Der Kaffeegenuß selbst hatte jedoch harte Kämpfe zu bestehen, ehe er sich in seiner neuen Heimat Arabien einbürgern konnte. Die frommen Männer Mekkas, wo es schon im 15. Jahrhundert die ersten Kaffeehäuser gab, und die frommen Männer Medinas waren uneinig. Die Konservativen unter ihnen sprachen von gehirntötenden Kaffeeräuschen und Kaffeetrinkern, die einst mit geschwärzten Gesichtern vor den Thron des „Allerbarmers" treten müßten. Die Schlaueren, die Männer mit der flinken Zunge behaupteten, der Genuß von Kaffee würde die Gläubigen instand setzen, das Lob Allahs feuriger als andere zu preisen. Die Schlauen obsiegten. 1582 berichtete der Augsburger Leonhard Rauwolf nach einer Orientreise über ein Getränk namens *chaube*: „Der Trank ist schwarz wie Tinte, gallebitter und riecht angebrannt, aber sie sind alle ganz wild nach dem schwärzlichen Magenelixier."

Der Kaffee ging von Arabien aus um die Welt. Muselmanen brachten Samen des Kaffeebaumes nach Indien, Portugiesen und Holländer zuerst nach Ceylon und Java, Franzosen nach Martinique. Kaffee wurde zur Kolonialpflanze und folgte den Spuren der Eroberer nach Zentral- und Südamerika.

Von Mekka aus drang die Sitte des Kaffeetrinkens, Hand in Hand mit der Fahne des Propheten, immer weiter nach Westen vor. Schließlich übersprang er die Konfessionsgrenzen. Ein ebenso findiger wie vorsichtiger Papst taufte den „Türkentrank", um ihn zu einem wahren Christengetränk zu machen.

Ob Moslem- oder Christentrank – Verbote konnten ihn nicht aufhalten, Steuern nicht bezwingen, die Kirche nicht ausmerzen. Hieß es auch 1780 in der bischöflichen Verordnung von Hildesheim: „... alle Mühlen, Brennmaschinen, kurz alles, zu welchem das Beywort Kaffee zugesetzt werden kann, soll zerstöret und zertrümmert werden, damit dessen Andenken unter unseren Mitgenossen zernichtet sey."

Weder das Andenken noch der Genuß wurde „zernichtet". Immer wieder gab es Auswege, Umwege. Die Menschen waren erfinderisch, um sich ihren Kaffee zu sichern. Von Anfang an wurde man ein wenig süchtig nach dem anregenden Getränk, das vermehrte geistige Aktivität versprach, die – wie sich erst später erwies – auf die Wirkung des Coffeins zurückzuführen ist. Dabei ist es keine echte Sucht, es ist nur ein Genuß, den man sich gerne gönnt.

Weltweit ist Kaffee das beliebteste Getränk. Die idealen Wachstumsbedingungen findet die Kaffeepflanze nur in den Höhengebieten der Tropen. Oft trägt eine Pflanze gleichzeitig Blüten und Früchte. In einigen Regionen kann sogar das ganze Jahr über geerntet werden.

Rechts: Sofort nach der Ernte werden Verunreinigungen ausgesiebt.

Unten: In Säcken abgefüllt, harren die Kaffeekirschen – so nennt man die reifen Früchte des Kaffeebaumes – ihrer weiteren Verarbeitung.

Die Kunst des Destillierens verbreitete sich in Europa erst im Mittelalter, wurde dann aber rasch zur Gewinnung von hochprozentigen Destillaten aus Wein oder Obst angewandt. Der kolorierte Holzschnitt aus dem Jahr 1532 von Hieronymus Brunschwigk zeigt die Darstellung eines Destilliergerätes mit aufsteigendem Kühlrohr.

Götter, Alchimisten, Chemiker

Nie wird man wissen, wann und wo die Zunge des Menschen zuerst an der geheimnisvollen Geschmacksverwandlung verdorbener Getränke Gefallen fand und der Vergärung auf die Spur kam.

Eine chinesische Legende sagt, es war im alten China der „Gelben Kaiser“, als sich eine Kürbisschale voll Aprikosensaft auf geheimnisvolle Weise mit der Sonne verbündete und im Schatten der Haare von P'an Ku zu einem berauschenden Getränk wurde.

Der mythische P'an Ku schuf mit Assistenz von Drachen, Einhorn, Phönix und Schildkröte Chinas Welt. Als er starb, wurden seine Haare zu Bäumen und Pflanzen, sein Blut zu Flüssen, sein Atem zu Wind und seine Stimme zu Donner. Weshalb sollte man also nicht P'an Ku die wundervolle Substanzveränderung zuschreiben?

Die realistischere Geschichtsschreibung hat keine Beweise für Chinas Ansprüche an der Entdeckung der alkoholischen Vergärung gefunden. Wahrscheinlich machten viele Völker ähnliche Erfahrungen und schrieben die eigene geistige Leistung den Göttern zu. Denn bald war es nicht mehr Zufall, daß ein vergessener Saft vergor, der Mensch begriff das Zusammenwirken von Zeit, Sonne und Wärme, und er bediente sich dieses Wissens lustvoll, zum eigenen und der Götter Wohl.

In China erfreute man Ahnen- und Luftgeister mit Vergorenem. Die alten Inder brauten Soma aus dem Saft einer Pflanze und brachten den Göttern Trankopfer dar. Die Azteken schnitten die Blütenschäfte der Agaven an und ließen den austretenden Saft in Fruchtschalen vergären. In den mächtigen alten Königreichen Afrikas bereitete man aus den zukkerhaltigen Teilen verschiedener Palmenarten berauschende Getränke, und mongolische Steppennomaden ließen die Stutenmilch in Lederschläuchen altern.

Immer größer wurden im Lauf der Jahrhunderte die Anstrengungen, den rätselhaften Geist, der sich in all diesen Getränken befand, wieder von den Säften zu trennen. Primitive Destillierapparate entstanden, doch die ersten Ergebnisse waren noch nicht „hochprozentig“ genug.

Erst die Araber verfeinerten mit ihrem Kult um Wohlgerüche die Kunst der Extraktion ätherischer Öle aus Blumen und Gewürzen und damit auch die Destillierapparate. Sie berauschten sich durch die Nase, „tranken“ Rosenduft und Nelkenduft und mußten alkoholische Sehnsüchte bis ins Jenseits aufsparen, wo ihnen Mohammed als Gegenleistung für verordnete Abstinenz „Bäche von Wein“ versprach.

Wahrscheinlich mit den Mauren gelangte die Kunst des Destillierens nach Europa, und hier war man durchaus an Hochprozentigem interessiert. So erhält der Codex des Magister Salernus aus der Mitte des 12. Jahrhunderts die früheste Beschreibung einer Herstellung von *aqua ardens* (= brennendes Wasser) aus Wein. Und Raimundus Lullus, ein katalanischer Mystiker, Dichter, Philosoph und Forscher erklärte in seinen Schriften die Destillation von Weingeist über Pottasche. Als er jedoch auszog, um Arabiens Jünger, deren Erfindung er so liebevoll weiterentwickelte, zum christlichen Glauben zu bekehren, scheiterte er: Er wurde zum Märtyrer.

Das neue Destillationsverfahren geriet im Mittelalter in die Hände von Alchimisten und gar manches Elixier, das in ihren Wunder- oder Hexenküchen entstand, war weniger ein *aqua vitae* (= Lebenswasser) als ein höllisches Tränklein auf dem Wege, das Geheimnis des Goldmachens zu erkunden.

Zuerst wurde Branntwein oder „geprandt weyn“, wie er in einer Frankfurter Verordnung schon 1326 genannt wurde, als Medizin gehandelt und durfte nur in Apotheken verkauft werden. Bald wurde jedoch in Europa alles, was sich brennen ließ, gebrannt. Mit einiger Verspätung übernahm man auch das arabische Wort *Al Khul* in den deutschen Sprachschatz. 1597, in A. Libravius' „De Alchymia Commutatio", ist es erstmals als *Alcool vini* belegt. Den Arabern muß es ein wenig seltsam erschienen sein, bezeichneten sie doch mit *Al Khul* ein probates, feines Pülverchen zur Augenschminke. „Fein" scheint jedenfalls das Reizwort für die Namensgeber gewesen zu sein.

Fein waren die süßen, duftenden, mit Rosenblättern aromatisierten Getränke, die ersten *liquori* der Italiener, die schon 1332 auf den Markt kamen, während man zur gleichen Zeit im fernen Schottland aus Gerste und Hafer Whisky brannte. Fein waren die Spirituosen aus Wein, wie der Armagnac, der 1461 erstmals gebrannt wurde, etwa um dieselbe Zeit, als die Rumänen ihre Tzuika erfanden.

Bis zum Ende des 15. Jahrhunderts überwogen die Destillate aus Wein und Getreide, doch schon im 16. Jahrhundert gewannen Mönchs-, Gewürz- und Kräuterliköre wie das Danziger Goldwasser aus Rosenblüten und Orangenblättern und der Bénédictine des Don Bernardo Vincelli an Bedeutung.

Eine Zäsur in der kontinuierlichen Entwicklung stellt jedoch das Zeitalter der Entdecker dar. Gegen Ende des 15. und zu Beginn des 16. Jahrhunderts waren die ruhelosen Portugiesen und Spanier unterwegs, um die unbekannte Welt zu entdecken. Sie fanden Gewürze und fremde, tropische Früchte, tranken Palmwein und Toddy, Tequila, den Maisbranntwein Chicha und Sake aus geschältem Reis.

Erstaunlicherweise machte vorerst nur der Rum aus dem Zuckerrohr spanischer Siedler in Westindien seine große Karriere. Die europäischen Erzeuger blieben im 16. und 17. Jahrhundert bei ihren Grundstoffen Wein, Getreide, Kräuter und Obst. Sie erzeugten Cognac aus Wein und Genever aus Gerste, Roggen und Mais, sie destillierten Gin aus Wacholder und brannten Wodka aus Weizen und Gerste. Die Franzosen erfanden Calvados aus Apfelsaft und werteten ein uraltes Chartreuse-Rezept mit unendlich vielen Kräutern aus. Im Schwarzwald und in der Schweiz reüssierte das Kirschwasser und leitete die Ära der vielen heimischen Brände aus Steinobst ein.

Im 18. Jahrhundert entdeckte man das Wermutkraut und braute in Frankreich bitteren grünen Absinth daraus, während die italienischen Brüder Cinzano ihren Wermutwein kreierten. Erst drei Jahrhunderte nach den großen Seefahrern kamen alkoholische Besonderheiten aus den Tropen zurück: In Venezuela braute ein deutscher Arzt den Angosturabitter, die Holländer destillierten die Pomeranzenschalen ihrer „Insel unter dem Wind" zu Curaçao, und eine französische Familie aus Anjou verarbeitete die Curaçao-Orangen zu Cointreau.

Kaum hundertjährig sind die unendlich vielen Destillate und Liköre aus Früchten und Pflanzen fremder Kontinente, aus Kaffee und Kakao, aus Mangofrüchten und Bananen, aus mexikanischen Chrysanthemen und Passionsfrüchten, aus Kokosnuß und Maiglöckchen, aus Piment, Vanilleschoten, aus Cashewäpfeln und Zimtblüten. Diese ungeheure Fülle von Getränken mußte schließlich die Neugierde reizen. Wie konnte man sie kombinieren, mischen, übereinandergießen, um neue Geschmacksvarianten zu kreieren?

Auf der Suche nach dem Geheimnis des Goldmachens nutzten die Alchimisten – hier eine Alchimistenküche aus der Zeit um 1600 – gerne die neuen Destillationsverfahren. Lange Zeit spürten sie auf diesem Wege auch der Entdeckung des Lebenselixiers nach, eines magischen Tranks, der das Leben verlängern sollte.

Whisky gibt es in unterschiedlichen Sorten und Geschmacksrichtungen, je nachdem welche Getreidearten (von Mais bis Gerste) zur Herstellung verwendet wurden. Zu den bekanntesten Sorten zählt neben Scotch, Bourbon und Canadian Whisky auch der Irish Whiskey.

Bei der Produktion bringt man zunächst das Getreide durch Zusatz von Wasser zum Keimen. Nach dem Darren, möglichst über Torffeuer, das den typischen rauchigen Geschmack verleiht, wird der Whisky in einem doppelten Destillationsprozeß abgebrannt. Danach muß er in Eichenfässern mindestens drei Jahre reifen. Erst dann ist er für den Verkauf geeignet.

90 SO
1976
MOSSTOWIE
A

Das Abenteuer des Mixens

Die Freude, den Geschmack von Getränken zu verändern ist uralt, und immer umgab die Tätigkeit des Mixens etwas Geheimnisvolles. Schon die schöne Helena ließ ihren Gästen einen Vergessenheitstrunk aus Wein, Mohn und Bilsenkraut servieren, Circe betörte Odysseus mit einer berauschenden Mixtur, ein Römer erfand die Bowle, Zauberinnen und Heilkundige brauten ihre Tränklein aus tausendundeiner Zutat.

Mit Rosenwasser parfümierte Säfte wurden von den Leibköchen türkischer Sultane erfunden, um Mohammeds Alkoholverbot erträglicher zu machen, mit Grog wurde die Gier der Seeleute nach purem Rum gemildert, mit vermischtem Rum und einem Kasten Tand betrog Peter Minnewit in holländischem Auftrag die Indianerhäuptlinge um Manhattan.

Die Mischung verschiedener alkoholischer Getränke wurde jedoch erst in amerikanischen Bars von „einem Getränk mit Fußangeln" zur Kunst verfeinert. Immerhin schrieb noch 1806 die amerikanische Zeitschrift „The Ballance" etwas süffisant: „Cock tail ist ein anregendes Getränk ... und soll bei Wahlkämpfen als ausgezeichnetes Gebräu von Nutzen sein."

Das Wort und den Begriff „Cocktail", zu deutsch „Hahnenschwanz", gab es also schon zu Beginn des 19. Jahrhunderts. Alle Entstehungsgeschichten wurden mit Elan und Phantasie erfunden, doch sie enthalten nur ein Quentchen Wahrheit: Der Schauplatz ist stets Amerika.

In Amerika entstanden die ersten Bars, hier wurden die ersten ernsthaften Cocktails gemischt, und hier wurde 1862 das erste Cocktailbuch geschrieben. Amerikas und vor allem auch Kubas Barkeeper wurden kleine Könige in ihren Reichen, wie es einst die berühmten Köche Europas waren. Ihrer Reisefreudigkeit ist es zu verdanken, daß American Bars und später auch Cocktail Bars in ganz Europa Fuß fassen konnten und sich schließlich, angefacht durch die Vorliebe der Kolonialoffiziere für kräftige, kühle Drinks, über die ganze Welt verbreiteten.

Längst ist jedoch das Mixen auch zum Hobby in der privaten Hausbar geworden. Hier bereitet man gerne all die Shortdrinks wie Cocktails und Frappés, die Longdrinks wie Cobblers, Juleps, Fizzes, Sours, Collinses, Coolers, Highballs, Daisies, Flips, Crustas, Slings und all die vielen Fancy Drinks zu, die aus einem Spiel der Phantasie hervorgingen.

Da aller Anfang schwer und noch kein Hobbymixer vom Himmel gefallen ist, hier einige Tips, die zum guten Gelingen Ihrer Drinks beitragen sollen.

- Achten Sie genau auf die angegebenen Mengen und Mischungsverhältnisse.
- Füllen Sie den Shaker, in dem alle Getränke mit schwer mischbaren Ingredienzen zubereitet werden, bis knapp zur Hälfte mit Eis, gießen Sie die Zutaten darüber und schütteln Sie das Getränk waagrecht nicht mehr als 10 Sekunden, sonst gibt das Eis zu viel Wasser ab. Das geschüttelte Getränk seiht man durch den Strainer in das Glas.
- Mixgläser, in denen alle Drinks zubereitet werden, deren Bestandteile sich leicht vermengen, füllt man bis zur Hälfte mit Eis, gießt die Zutaten darüber, rührt mit dem Barlöffel kurz, aber kräftig um und seiht das Getränk durch den Strainer in das Glas.
- Achten Sie auf die Angaben über die Beschaffenheit des Eises. Zerstoßenes Eis muß man nicht im Eiszerkleinerer zubereiten, es genügt, wenn man Eiswürfel in ein Tuch einschlägt und mit einem Eishammer zerklopft, bis sie in kleine Stücke zersplittern. Geschabtes Eis sollte man allerdings in einer Eismühle zubereiten.
- Bei gekühlten Getränken, die ohne Eiswürfel serviert werden, sollten auch die Gläser vorgekühlt werden.
- Alle Mischgetränke muß man sofort servieren, sie werden sonst schal und unansehnlich.

Aus frischen, wohlschmeckenden Früchten lassen sich köstliche Getränke kreieren. Pur oder als Beigabe zu Mixgetränken wirken sie äußerst belebend und sind sehr bekömmlich. Reine Fruchtsäfte passen ausgezeichnet zu Mahlzeiten, schmecken aber auch zwischendurch sehr gut.
Als Mixgetränke löschen sie hervorragend den Durst und geben vielen Drinks den letzten Pfiff. Wie bei allen Getränken gilt natürlich besonders bei Fruchtsäften: je frischer und aromatischer die Zutaten, desto besser Qualität und Geschmack des Drinks. Man sollte daher stets frische und ausgereifte Früchte verwenden.
Aber auch zur Dekoration und zum Garnieren eignen sich Früchte ausgezeichnet. Einen Drink können Sie dekorativ in einer Ananas oder einer Kokosnuß servieren oder ihn phantasievoll mit Zitrusfrüchten, Kiwis oder Kirschen verzieren – Ihrer Phantasie sind dabei keine Grenzen gesetzt.

Für die kunstvolle Zubereitung von Mixgetränken benötigen Sie eine gewisse Grundausstattung, die wir Ihnen hier, dekorativ aufbereitet, vorstellen wollen.

Den Shaker *oder* Schüttelbecher *verwendet man für alle Mixgetränke, deren Bestandteile sich nur schwer miteinander verbinden lassen.*

Im Mixglas *oder* Rührglas *werden Getränke zubereitet, die nur gerührt werden dürfen. Das Glas faßt etwa einen Liter Flüssigkeit.*

Das Meßglas *oder der* Meßbecher *hat eine Meßskala zum exakten Abmessen der Flüssigkeitsmengen.*

Durch Strainer *oder* Barsieb *seiht man die Flüssigkeiten aus dem Shaker oder dem Mixglas in die vorbereiteten Gläser ab. Er behält das Eis zurück.*

Mit dem langstieligen Löffel, dem Barspoon, *werden die Drinks im Mixglas gerührt. Der Inhalt entspricht dem eines Teelöffels.*

Die Dash Bottle *ist eine kleine Spritzflasche mit einer Vorrichtung zur Dosierung eines Spritzers, eines dash, einer Flüssigkeit.*

Der Eiskübel *ist ein Gefäß zur Aufbewahrung von Eiswürfeln, der möglichst mit einem Siebeinsatz versehen ist, um das Schmelzwasser von den Eiswürfeln ablaufen zu lassen. Zum Herausheben einzelner Eiswürfel benötigt man eine Eiszange.*

Mit dem Eiszerkleinerer *oder einem* Eishammer *zerkleinert man das Eis auf die gewünschte Größe.*

Zum dekorativen Verzieren der Getränke mit Kirschen, Oliven etc. gibt es Cocktailpicker oder Cocktailspießchen in unterschiedlichen Formen. Außerdem sollten zum erfolgreichen Gelingen einer Party Korkenzieher, Flaschenöffner, eine Zitruspresse, diverse Obst- und Schälmesser, Flaschenverschlüsse und Trinkhalme griffbereit gehalten werden.

TOM COLLINS
CLUB SODA
AND FRUIT

Zum richtigen Drink gehört auch das richtige Glas. Ob dünn- oder dickwandig, ob verengende oder erweiterte Öffnung – die Form wirkt sich auf das Aroma des Getränks aus. Im nebenstehenden Bild sehen Sie eine klassische Gläserauswahl, mit der Sie Ihren Gästen all die Longdrinks, Shortdrinks oder Cocktails, die Sie im Rezeptteil finden, hübsch dekoriert servieren können.

Cocktailgläser *sind schalen- bis kelchförmige Stielgläser für alle Shortdrinks.*

Tumbler *gibt es in unterschiedlichen Größen: stiellose, gerade Gläser oder, in Old-Fashioned-Form, als leicht schräge Gläser. Die kleinere Ausführung ist als* Whiskyglas *bekannt, für Whisky, Gin-Fizz, Sours. Die größere Form, die* Longdrinkgläser, *sind für alle Longdrinks, Highballs, Collinses, Slings, Coolers geeignet.*

Likörgläser *sind Gläser in unterschiedlicher Ausführung für Liköre, Knickebeins, ungemischte Schnäpse.*

Sektkelche und -schalen *verwendet man für Mixgetränke, die mit Sekt oder Champagner aufgefüllt werden.*

Pousse-Café-Gläser *sind schmal und hoch. Sie sind für alle Schichtgetränke geeignet.*

Südweingläser *nimmt man für spezielle Shortdrinks, Aperitifs und Südweine.*

Ballon- und Schwenkgläser *gibt es in verschiedenen Größen für Brandys, Cognacs und Highballs.*

Man sollte stets größere Gläser verwenden, als die Mengenangaben erfordern. Cocktailgläser werden nie bis zum Rand gefüllt.

Lassen Sie sich nach all den Histörchen und Anekdoten aus dem Reich der Getränke und den praktischen Erläuterungen für ein gutes Gelingen zu einer Reise um die Welt zu bekannten und raffinierten Getränken entführen und zum Nachahmen dieser Köstlichkeiten animieren.

Daisy mit Sekt

3 Eiswürfel zerkleinern und in den Shaker geben. 1 cl Grenadine, 2 cl Zitronensaft und 2 cl Chartreuse gelb darübergießen. Alles kräftig schütteln und in eine große Sektschale abseihen. Mit Sekt auffüllen und mit Früchten der Saison garnieren.

Old-Fashioned

1/2 TL Zucker, 1 Spritzer Angostura und 1 TL Wasser in ein vorgekühltes Old-Fashioned-Glas geben und so lange umrühren, bis sich der Zucker aufgelöst hat. Eiswürfel darübergeben, 3–4 cl Whisky hinzufügen und alles gut vermischen. Mit etwas Zitrone abspritzen. Man trinkt Old-Fashioned entweder pur oder mit Orangen- und Zitronenscheiben garniert.

Campari Orange

2 Eiswürfel in ein Longdrinkglas geben, 3 cl Campari zugeben und mit 6 cl eisgekühltem Orangensaft aufgießen. Umrühren und sofort servieren.

Daiquiri

In den Shaker etwas Eis füllen, 4 cl hellen Rum, 1 cl Zitronensaft und 1/2 TL Zucker darübergießen und kräftig schütteln. In ein vorgekühltes Cocktailglas abseihen und rasch servieren.

Gin-Tonic

2–4 Eiswürfel in einen großen Tumbler geben, mit 2 cl Gin und 6 cl Tonic Water aufgießen, umrühren und mit einer Zitronenschale garniert servieren.

Caipirinha

1 Limette vierteln. 2 Barlöffel Zucker in einen Tumbler geben und mit dem Saft von 2 Limettenvierteln vermischen. 4 cl Cachaça hinzugeben, die beiden restlichen Limettenviertel einlegen, mit gestoßenem Eis auffüllen und gut durchrühren.

Erdbeermilch
1/4 Liter Milch mit 50 g Zucker vermischen. 125 g zerkleinerte Erdbeeren, etwas Vanillinzucker und einige Tropfen Zitronensaft hinzufügen und alles gut verrühren. Eiswürfel in ein Longdrinkglas geben, die Erdbeermilch darübergießen und kalt servieren.

Bananen-Eismilch
1/2 reife Banane mit 2 Barlöffel Puderzucker, 1/2 Barlöffel Zitronensaft, 1 EL Bananeneis und 1/8 Liter kalter Milch im Mixer verrühren. Sehr kalt in einem Tumbler servieren.

Joghurt-Sorbet
175 g Joghurt mit 1/8 Liter Apfelsaft, 2 Barlöffel Honig und 1 dash Zitronensaft kurz im Mixer verquirlen. In ein Tumblerglas gießen und mit Trinkhalm servieren.

Brombeertrunk
125 g reife Brombeeren, 25 g Zucker, 1 EL Zitronensaft und 1 Eiswürfel in den Mixer geben und pürieren. In ein Longdrinkglas füllen, mit etwas Sodawasser aufgießen und kurz umrühren. Mit einer Zitronenscheibe garniert servieren.

Orangen-Drink
Saft von zwei Orangen in ein Tumblerglas geben, mit 6 cl kaltem Apfelsaft und 6 cl Sodawasser auffüllen. Mit einer Orangenscheibe garniert servieren.

Blacky
1/8 Liter Johannisbeersaft in einem mittelhohen Glas mit 3 Barlöffel Zitronensaft und 1–2 Barlöffel Honig gut verrühren und mit eiskaltem Sodawasser auffüllen. Kalt servieren.

Adam's Delight

Tropical Longdrink aus Sri Lanka

In den schönen, klaren Tropennächten des Januar und Februar steigen die Ceylonesen in langen Lichterprozessionen auf ihren mythischen Adam's Peak. Auf diesem Gipfel soll Adam einst gestanden haben, tausend Jahre lang auf einem Fuß, voller Reue und Trauer über das verlorene Paradies. Nach einem mühsamen Aufstieg über 5000 Stufen kann man seine Fußspur sehen. Die Pilger murmeln Gebete, Trommeln dröhnen, die Vertiefung im Stein wird mit Blüten ausgelegt, es ist ein spiritueller Platz. Man wünschte, Adam hätte sich in seiner tausendjährigen Buße tatsächlich an dem Getränk, das seinen Namen trägt, erfreuen können.

Kleingeschnittenes Fruchtfleisch einer Mango, gestoßenes Eis, 4 cl Mangosirup, 4 cl Limettensaft, 1/2 TL Zucker (nach Bedarf auch mehr), 1 Messerspitze Vanille, 1/2 TL abgeriebene Limettenschale, 2–3 Eiswürfel.
***Für die Garnierung:** 1 Limettenscheibe*

Fruchtfleisch der Mango pürieren. Gestoßenes Eis in den Shaker füllen, Mangosirup, Limettensaft, Zucker, Vanille und abgeriebene Limettenschale dazugeben und gut durchschütteln. Mangopüree in einen gekühlten Tumbler geben, die Mischung aus dem Shaker durch den Strainer darüber abseihen und nochmals mit dem Barlöffel durchrühren. Eiswürfel einlegen, mit einer Limettenscheibe garnieren und mit Trinkhalm servieren. Ein Drink für heiße Tage, den man rund um die Uhr servieren kann.

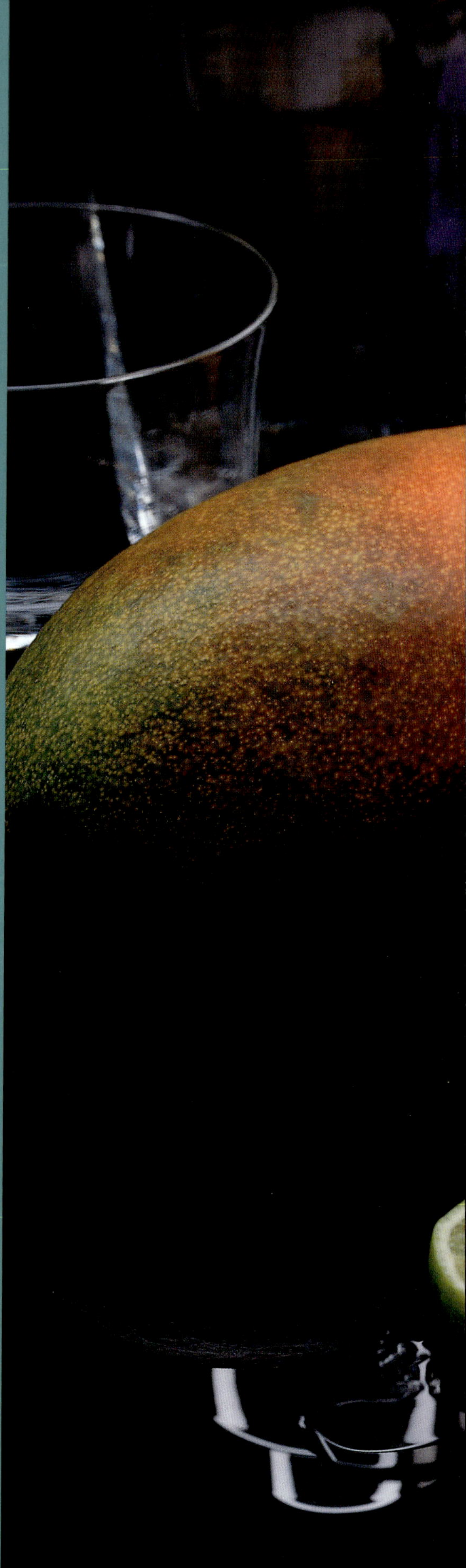

Air Jeruk

Heißer Orangensaft aus Indonesien

Man muß einmal versuchen, in sehr heißen Ländern heiße Fruchtsäfte zu trinken, um sie in Zukunft allen anderen Erfrischungsgetränken vorzuziehen. Sie „nehmen der Hitze den Stachel und der Sonne die Glut, sie nehmen der Schwüle die Last und der Luft die Atemlosigkeit", heißt es in einem indonesischen Gesundheitsbüchlein. Und weiter: „Das Aroma von Muskatblüten und der Wohlgeruch vom Holz der Aloe senken die Liebe in die Herzen der Dürstenden." Mangels Muskatblüten und Aloeholz ist der Liebestrank zwar etwas unvollständig, er schmeckt jedoch ganz ausgezeichnet.

2–3 große Orangen, 3 TL Zucker,
1/4 Stange Zimt (etwa 2–3 cm),
3 Gewürznelken.
***Für die Garnierung:** etwas abgeriebene Muskatnuß*

Orangen auspressen und den Saft mit Zucker, Zimt und Gewürznelken in einem feuerfesten Ton- oder Glasgefäß kurz aufkochen und 10 Minuten ziehen lassen. Saft in ein feuerfestes Glas abseihen, mit abgeriebener Muskatnuß bestreuen und – zu jeder beliebigen Tageszeit – heiß servieren.

Alexander

Armagnac-Cocktail aus Frankreich

Man hat zuweilen versucht, den Namen dieses Cocktails von Alexander dem Großen oder einem berühmten Barmixer namens Alexander herzuleiten. In der Gascogne ist man jedoch überzeugt, daß der Alexander nach Alexandre Dumas benannt wurde. Stammt doch d'Artagnan, der Anführer der berühmten drei Musketiere, aus dieser malerischen, geschichtsträchtigen Landschaft.

Auch der Armagnac, das bernsteinfarbene Lebenswasser, stammt aus der Gascogne. Er ist das Produkt der langsamen Destillation eines kräftigen Weißweines, der in einem genau abgegrenzten Gebiet des Gers, der Landes und von Lot-et-Garonne wächst.

Auf dem Armagnac-Markt von Eauze kann man lernen, wie man die Güte des angebotenen Branntweines prüft: Man zerreibt einen Tropfen zwischen den Handflächen und atmet das Aroma ein. Es muß intensiv und köstlich nach Pflaumen und Haselnüssen duften.

Eiswürfel, 2 cl Armagnac, 2 cl Crème de Cacao, 2 cl flüssige Sahne

Eiswürfel in den Shaker füllen, Armagnac, Crème de Cacao und flüssige Sahne zugießen und kräftig durchschütteln, dann in eine Cocktailschale abseihen. Der Alexander wird nach dem Essen serviert.

Angel's Face

Calvados-Cocktail aus Frankreich

Im Juni 1588 war die spanische Armada noch eine stolze Flotte. 130 Schiffe stachen in Lissabon in See, um England jene Niederlage zu bereiten, von der Philipp II. schon längst träumte. Zwei Monate später kehrte nur mehr ein kläglicher Rest der Schiffe zurück. England und der Sturm hatten gesiegt. Auch die stolze „El Calvador" war an den Klippen der normannischen Küste zerschellt. Doch hier blieb zumindest ihr Name zurück: Normandie-Calvador, später Calvados, nannten die Franzosen die Provinz mit den saftigen grünen Wiesen und den vielen Apfelbäumen. Hier erzeugen sie auch ihren Apfelwein, der gebrannt den Namen Calvados erhält.

Calvados, in der Normandie liebevoll *Calva* genannt, reift in Fässern und erreicht sein ideales Geschmacksalter nach zehn bis fünfzehn Jahren.

Eiswürfel, 2 cl Calvados, 2 cl Apricot Brandy, 2 cl Gin

Eiswürfel in den Shaker füllen, Calvados, Apricot Brandy und Gin eingießen, gut durchschütteln und in ein Cocktailglas abseihen. Nach dem Essen servieren.

LONDON DRY GIN
created to enjoy best quality and flavour
BURY
Dry Gin

Angostura-Fizz

Angostura-Longdrink aus Trinidad

Angostura findet sich in Cocktailrezepten vorwiegend als Aromastoff, jedoch meist nur in geringen Mengen. Der Würzbitter wurde in der Stadt Angostura am Orinoko von einem abenteuerlustigen Deutschen aus Heidelberg erfunden. Dr. J. Siegert kämpfte zuerst bei Waterloo gegen Napoleon, später in Südamerika mit dem Libertador Simón Bolívar gegen die Spanier und landete, nach einem Zwischenspiel als Chirurg in Guayana, schließlich in Venezuela. Auf der Suche nach einem Malariamittel stieß er auf den Angosturabaum und seine bittere Rinde.

Angostura Bitter wird heute noch in Trinidad unter dem Firmennamen des Erfinders hergestellt. Aus Trinidad stammt wahrscheinlich auch das Rezept für den Angostura-Fizz.

Eiswürfel, 5 cl Zitronensaft, 1 cl Zuckersirup, 2 cl Angostura, 1 Eiweiß, Sodawasser zum Auffüllen

Eiswürfel in den Shaker füllen, Zitronensaft, Zuckersirup, Angostura und Eiweiß hinzufügen und kräftig schütteln, bis das Eiweiß schäumt. Das Gemisch durch den Strainer in ein Longdrinkglas abseihen, mit eiskaltem Sodawasser auffüllen und mit Trinkhalm servieren. Angostura-Fizz ist ein Drink für heiße Tage. Man trinkt ihn nachmittags und abends.

44 % vol
ANGOSTURA
AROMATIC BITTERS

Apocat

Avocadogetränk aus Indonesien

Avocadobirnbäume wuchsen auf dem amerikanischen Kontinent schon vor 50 Millionen Jahren. Ganz sicher zählten ihre öl- und proteinreichen Früchte zu den ersten Nahrungsmitteln der Menschen in Mittelamerika. Von den Azteken wissen wir, daß sie das nach Nüssen schmeckende Fleisch der Früchte, die nicht zu den Birnen, sondern vielmehr zu den Beeren zählen, mit besonderem Genuß verzehrten. Sie nannten die Frucht *ahuacatl,* die Spanier machten daraus *aguacate,* die Franzosen *avocat* und daraus entstand das bei uns übliche Wort Avocado.

Von Zentralamerika aus verbreiteten sich die kultivierten Formen der *Persea americana* über die tropischen und teilweise auch subtropischen Regionen in alle Welt. In Indonesien wachsen die besten Früchte auf Sumatra. Von dort stammt auch unser Rezept.

1 reife Avocadofrucht, 2 cl Rum,
1 cl Cream of Coconut, eisgekühlte Milch,
3–4 Eiswürfel

Das Fruchtfleisch der Avocado herausheben und im Mixer mit Rum und Cream of Coconut pürieren. Das dickliche Püree in einen großen Tumbler gießen, mit eiskalter Milch auffüllen, mit einem langstieligen Löffel umrühren und mit einigen Eiswürfeln servieren. Apocat schmeckt zu jeder Tageszeit.

Aquavit Clam

Fancy Drink aus Norwegen

Aquavit, der Kornbranntwein mit dem leichten Kümmelaroma, wurde erstmals in Dänemark hergestellt, ist nun jedoch in ganz Skandinavien beliebt. Ein Aquavit besonderer Art ist der „Linie Aquavit“. Seine geschmackliche Charakteristik erhält er auf außergewöhnliche Art: Von rauher See geschüttelt und oft auch krassen Temperaturwechseln ausgesetzt, wird er ausgesprochen mild. In Eichenholzfässern gelagert, überquert er auf den großen Schiffen einer norwegischen Schiffahrtslinie zweimal den Äquator und wird erst bei seiner Rückkehr in Flaschen abgefüllt. Die Flaschenetiketten mit den Daten der Schiffsreise lesen sich dann wie ein Logbuch. Kein Wunder, daß man zu dem meerverbundenen Getränk auch Muschelsaft komponierte. Sie können den Muschelsaft jedoch auch weglassen, der Aperitif schmeckt auch ohne diese Zutat.

Eiswürfel, 8 cl Aquavit, 4 cl Muschelsaft, 4 cl Tomatensaft, 3 dashes Worcestersauce, 2 dashes Tabasco, 1 TL Zitronensaft, 1 Prise Salz, etwas Pfeffer

Eiswürfel in einen Mixbecher füllen, alle Zutaten beifügen, gut verrühren und die Mischung in einen mit etwas Eis gefüllten Tumbler abgießen. Sofort als Before-Dinner-Drink servieren.

Ayran

Joghurtgetränk aus der Türkei

Während die europäische Phantasie all den wilden Reitervölkern aus dem Inneren Asiens als einzige Nahrungsquelle das unter Sätteln weichgerittene rohe Fleisch zugesteht, lebten diese Nomaden vorwiegend von Milch und Milchprodukten. Für ihre Kriegszüge rüsteten sie sich mit in Sonne getrockneter Sahne aus, die sie vor dem Gebrauch wieder mit Wasser verdünnten. Ihren Durst löschten sie mit Hilfe von Getränken aus Sauermilch und Joghurt. Ayran nannten sie den kalten, erfrischenden Sommertrank schon vor tausend Jahren, und heute heißt er, mit abweichender Schreibweise, bei den meisten Völkern Mittelasiens und Transkaukasiens noch so. Ganz besonders haben ihn jedoch die moslemischen Türken ins Herz geschlossen.

1/4 Liter Joghurt,
1/16 Liter eisgekühltes Wasser,
Prise Salz, 2–3 Eiswürfel.
***Für die Garnierung:** 1 Zweig Minze*

Joghurt, gut gekühlt, in einem Porzellangefäß mit dem Schneebesen aufschlagen und mit eiskaltem Wasser gut verrühren. Nach Geschmack mit etwas Salz würzen. Eiswürfel in ein großes, hohes Glas (Tumbler) einlegen, Ayran darübergießen, mit einem langstieligen Löffel kurz und kräftig umrühren und das Getränk mit einem frischen Zweig Minze dekoriert servieren.

Ayran muß sofort serviert und getrunken werden. Stellt man das Getränk kühl, ist es höchstens eine Stunde haltbar. Eine Erfrischung, die immer schmeckt.

Aztec Punch

Heißer Tequilapunsch aus Mexiko

Tequila, die Stadt im mexikanischen Staat Jalisco, gab dem Destillat aus der Maguepflanze ihren Namen. In Tequila, vor allem aber im nahen Guadalajara, ist die Heimat der *mariachi,* der Rodeos und der Lebensfreude. Mexikos *mariachi* sind wandernde Straßenmusikanten, die in Galakostümen ländlicher Edelleute des frühen 19. Jahrhunderts echte Volksmusik spielen. In den kleinen Caféhäusern rund um den Mercado de la Libertad, wo sich die Landbewohner bei lauten *mariachi*-Klängen von der Arbeit in den Agaven-Haziendas erholen, heißt es, entstanden viele Tequilamixturen.

Der Azteken-Punsch wurde jedoch von einem „Bleichgesicht“ erfunden, als es entdeckte, daß sich der Tolteken und Azteken liebster Trank gut zum Mixen eignet.

Für 4–6 Portionen:
1 Flasche Tequila, 1/2 Stange Zimt, 2 dl Grapefruitsaft, Saft von 2 Zitronen, Saft von 2 Orangen, frischgepreßter Saft von 1 Limette, 2 Tassen heißer, gesüßter schwarzer Tee

In einer Kasserolle Tequila, Zimt, Grapefruit-, Zitronen-, Orangen- und Limettensaft bis zum Siedepunkt erhitzen. Tee zugießen, die Zimtstange entfernen und den Punsch in vorgewärmten, feuerfesten Gläsern servieren. Die Süße des Getränks läßt sich mit der Zuckermenge im Tee regulieren. Kenner trinken den Punsch auch ohne Zucker. Aztec Punch ist ein heißes Getränk für kühle Abende.

Balaton-Cobbler

Fancy Drink aus Ungarn

Eine halbwahre Geschichte vom ungarischen Aprikosenschnaps: „Towarischtschi", sagte ein Russe zu den Stadtvätern von Kecskemét, „trinken wir auf den Erfinder des Barack." „Das ist nicht gut", sagten die Stadtväter, „der Barack wurde in Florida erfunden. Wollen Sie auf die USA trinken?" „Dann, Towarischtschi, trinken wir auf den Mann, der ihn berühmt machte." „Das ist auch nicht gut", sagten die Stadtväter, „das war Edward, Herzog von Windsor. Wollen Sie auf das Königshaus trinken?" „Dann laßt uns Karl Marx hochleben, Towarischtschi." Doch die Kecskeméter Stadtväter winkten wiederum ab. „Der Barack wird unter Mitverwendung der Marillenkerne gebrannt und enthält ein wenig Blausäure. Wollen Sie den Altvater mit Blausäure hochleben lassen, Genosse?" Der Russe, heißt es, verließ Kecskemét und ward nie mehr gesehen.

Feingestoßenes Eis, 2 cl Barack Pálinka, 2 cl Peach Brandy, 2 cl Apricot Brandy, Champagner oder Sekt zum Auffüllen.
Für die Garnierung: *Aprikosen, Pfirsiche, Kirschen*

Ein Cobblerglas bis zur Hälfte mit Eis füllen. Barack Pálinka, Peach und Apricot Brandy zugießen und gut verrühren. Früchte dekoraktiv einlegen und das Glas mit Champagner oder Sekt auffüllen. Mit Trinkhalm zum Fünfuhrtee oder abends servieren.

FÜTYÜLÖS®
ORIGINAL
PÁLINKA
Aprikosengeist
UNGARN

Batida de Abacaxi

Ananas-Batida aus Brasilien

Die Batida, eine Mischung aus Cachaça, dem aus Zuckerrohr hergestellten Branntwein, und Fruchtsäften, kommt der brasilianischen Phantasie weitgehend entgegen. Es gibt ungezählte Batida-Rezepte, doch die besten stammen aus Salvador, dem alten Bahia. Hier, wo die von Sklaven abstammenden Bahianer in ihren *candombles* die alten afrikanischen Götter der Bantu und Yorubas auf die Erde rufen, spielt die Cachaça ein große Rolle. Sie hilft mit, sich in Trance zu steigern, um sich im Rundtanz zu winden und nur mehr Hülle für die Götter zu sein, die durch den Körper des Mediums tanzen, essen, trinken und Ratschläge geben.

Geschabtes oder gestoßenes Eis,
2 Scheiben frische Ananas,
1/2–1 TL brauner Zucker, 5 cl Cachaça
(eventuell durch Kornbranntwein ersetzen),
1 cl süße Sahne.
Für die Garnierung: *1 Ananasdeckel mit seinen Kronblättern*

Einen hohen Tumbler bis zu einem Drittel mit Eis füllen. Ananasscheiben mit dem braunen Zucker im Elektromixer pürieren, Cachaça und Sahne zugeben, auf niedriger Stufe ganz kurz durchrühren und das Gemisch über das Eis gießen. Batida de Abacaxi dekoriert man mit einem Ananasdeckel, an dem man die Kronblätter belassen hat, und serviert sie mit einem Trinkhalm. An heißen Tagen, nachmittags und abends, schmeckt sie am besten.

Bellini

Champagner-Cocktail aus Italien

Der berühmte Maler Giovanni Bellini und sein großer Schüler Tiziano Vecellio würden, gingen sie durch Venedigs Calle Vallaresso, wohl erstaunt und vielleicht verärgert, ihre Namen auf der Karte von Harry's Bar wiederfinden. Beiden bliebe nur der Trost, daß man die berühmtesten Champagner-Cocktails in der berühmtesten Bar der Lagunenstadt nach ihnen benannt hat.
Auch wenn man Champagner am liebsten pur trinkt, sollte man zuweilen einen dieser Cocktails kosten.

4 Eiswürfel, 2 cl Pfirsichpüree,
1 cl Apricot Brandy,
Champagner zum Auffüllen

Eiswürfel in den Shaker füllen, Pfirsichpüree und Apricot Brandy zugeben, kurz schütteln, die Mischung durch den Strainer in einen Champagnerkelch abseihen und mit eiskaltem Champagner auffüllen. Der Bellini-Cocktail ist ein Before-Dinner-Drink.

Berliner Weiße mit Schuß

Biermischgetränk aus Deutschland

„Hast du Kummer, Liebesschmerz, drück' ein Seidel dir ans Herz." Kaum einen Volksspruch befolgten die Berliner zu Beginn des 20. Jahrhunderts mit größerem Eifer. Im Jahre 1905 konsumierte, laut Statistik, jeder Einwohner Berlins 215 Liter Bier. Berlins obergäriges Weißbier, auch „Berliner Blonde" genannt, wurde in der Mühlenverordnung von 1680 erstmals erwähnt. Das aus Weizen- und Gerstenmalz hergestellte Bier ist arm an Alkohol, reich an Kohlensäure und schmeckt etwas säuerlich.

Als Erfinder der seltsamen Mischung „Weiße mit Schuß" gilt der Berliner Weißbierbrauer Heinrich Clausing. Nach seinem vielgepriesenen Einfall tat er das Schlimmste, was ein Berliner Bierbrauer tun kann: Er übersiedelte nach Bayern. Da es jedoch kein „Münchner mit Schuß" gibt, wurde er wenigstens nicht vollends zum Verräter.

1–2 cl Himbeersaft, 1/4 Liter Bier

Himbeersaft in ein Bierglas gießen und mit gut gekühltem Bier auffüllen. Früher nahm man dazu das Kugelglas, jetzt verwendet man auch vielfach hohe Gläser.

Big Apple

Fancy Drink aus den USA

Big apple, das ist im Selbstverständnis der Amerikaner New York. Die in allen Facetten schillernde Stadt gab diesem Drink den Namen. Er wurde zuerst in Greenwich Village serviert, dem Stadtviertel der Boheme, in der McDougal Street, wo so viele neue Ideen geboren wurden. Man weiß heute nicht mehr genau, wer zuerst einen Big Apple servierte, doch fast sicher war es die Schöpfung eines lauen, schönen Sommerabends.

1 großer Apfel, 6 cl Calvados, 6 cl Orangensaft, 3 cl Zitronensaft, 1 Messerspitze Zimt

Den Apfel bis auf einen Rand von ca 1/2 cm aushöhlen, in Alufolie einhüllen und 10 Minuten in das Gefrierfach des Kühlschranks legen. Das ausgeschälte Fruchtfleisch vom Kernhaus befreien und im Mixer pürieren. Calvados, Orangen- und Zitronensaft zugießen und gut vermischen. Den gekühlten Apfel aus der Folie nehmen, das Innere mit ein wenig Zimt bestreuen, das Getränk einfüllen und mit einem Trinkhalm servieren.

Black Pearl

Champagner-Cocktail aus Jamaika

In den Blue Mountains von Jamaika wachsen die aromatischen Kaffeebohnen, die mit Zuckerrohrsaft, tropischen Kräutern und Vanille zum berühmten Likör „Tia Maria“ verarbeitet werden.
Die Legende erzählt, das Rezept habe sich schon im 17. Jahrhundert im Besitz einer spanischen Kolonialfamilie befunden. Doch Jamaika, der größte Sklavenmarkt in der Karibischen See, war nie ein ruhiges Land, und um des Profites willen wurden die Spanier von den Engländern vertrieben. Familien wurden auf der Flucht auseinandergerissen, und so sah sich ein schönes junges Mädchen schließlich mit seiner Zofe allein. Die ergebene Dienerin aber hatte vorsorglich das vergilbte Pergament mit dem Likörrezept an sich genommen und übergab es dem Mädchen am Tage der Hochzeit als Mitgift aus dem verlorenen Elternhaus. In Anerkennung für so viel Treue erhielt der Likör den Namen der Zofe: „Tia Maria“, Tante Maria.

Eiswürfel, 2 cl Tia Maria, 2 cl Cognac, 8 cl Champagner.
Für die Garnierung: *2 dunkle (schwarze) Cocktailkirschen*

Eiswürfel in ein Mixglas legen, Tia Maria und Cognac zugießen. Gut verrühren und durch einen Strainer in ein großes Sektglas seihen. Mit eiskaltem Champagner auffüllen und mit Cocktailkirschen, die man auf ein Cocktailspießchen steckt, garnieren.
Black Pearl kann vor oder nach dem Essen serviert werden.

Tia Maria
LIQUEUR
smoothness of its flavour
derived from an original

Black Russian

Wodka-Cocktail aus Belgien

Das Rezept für den Black Russian ist, auf seidenen Taschentüchern abgedruckt, rund um die Welt gewandert. Neben anderen Rezepten zeigen die Taschentüchlein auch das Profil von Gustave Tops, dem langjährigen Barchef des Brüsseler Hotels Metropole. Wer immer zum bevorzugten Gästekreis des Gustave Tops, für seine Freunde „Gus“, zählte, bekam eines dieser Tüchlein zum Abschied.

Gus Tops mischte den ersten Black Russian für Pearl Mesta, die 1949–1953 Botschafterin der Vereinigten Staaten in Luxemburg war und Irving Berlin zum Musical „Call me Madame“ inspirierte.

Eiswürfel, 4 cl Wodka,
2 cl Kahlúa (mexikanischer Likör aus Tequila und Kaffeebohnen)

Eiswürfel in den Shaker füllen. Wodka und Kahlúa eingießen, etwa 10 Sekunden gut durchschütteln und durch den Strainer in ein Cocktailglas oder in einen kleinen Tumbler abseihen.

Black Russian wird nach dem Essen serviert.

RTED
R DE CAFÉ
E LIQUEUR
A., MEXICO CITY
E UNITED KINGDOM BY
LIQUEUR COMPANY
ONDON SW19, ENGLAND

Bloody Mary

Fancy Drink aus den USA

Die „Blutige Mary“ ist eine Kreation des Barkeepers Ferdinand L. Petiot. In einer langen Winternacht des Jahres 1920 kam er in der Bar des St. Regis Sheraton in New York auf die Idee, Wodka mit Tomatensaft zu mischen. Unter den Gästen – so heißt es – entbrannte ein heftiger Wettstreit über den passenden Namen für das neue Getränk, während Petiot „mit Salz, Pfeffer und Worcestershiresauce hantierte, als wollte er ein neues Ketchup mischen“. Von Beginn an waren die Namen mehr originell als appetitlich. So hieß der Fancy Cocktail zuerst „Eimer voll Blut“, dann „Roter Knallbonbon“ und schließlich endgültig „Bloody Mary“.

Eiswürfel, 5 cl Wodka, 10 cl Tomatensaft,
Saft von 1/2 Zitrone,
2 dashes Worcestershiresauce,
1 dash Tabasco, Salz, Pfeffer

Eiswürfel in den Shaker füllen, Wodka und Tomatensaft eingießen, mit Zitronensaft, Worcestershiresauce, Tabasco, einer Prise Salz und Pfeffer würzen und im Shaker kräftig durchschütteln. Die Mischung durch den Strainer in einen Tumbler oder in ein Longdrinkglas abseihen und sofort servieren.

Blue Beer

Biermischgetränk aus England

Man kann den Briten auf der kühlen Insel Bierphantasie nicht absprechen, auch wenn sie nur wenig Schaum auf dem Bier mögen. Ihre Biere zeigen daher nur eine geringe Bereitschaft zu schäumen. Wenn man das Bier beim Einschenken vorsichtig am Rand des Glases entlanglaufen läßt, so wird die tolerierte Schaumkronenhöhe von 2–3 Millimetern auch nicht überschritten.

Für Biermischungen eignen sich englische Biere gut, vor allem Ale, das helle, obergärige, stark gehopfte Bier. Wo Ale nicht zur Verfügung steht, kann man es bei diesem Rezept durch Pils ersetzen.

2 cl Curaçao Blue, 1/4 Liter Pils

Curaçao in eine hohe Bierflöte gießen und mit sehr kaltem Pils auffüllen. Ein herrlich erfrischendes Getränk für heiße Nachmittage.

Buccaneer

Tropical Longdrink von den Virgin Islands

Aus der Masse der Piraten, der *buccaneers,* die auf den karibischen Jungferninseln ihre Schlupfwinkel bezogen, ragt Francis Drake ganz besonders heraus. Mit seiner „Golden Hind" raubte er den Spaniern ihr Gold und machte sich selbst und seine Königin ungemein reich. Spaniens frommer, katholischer König Philipp II. sah ergrimmt die eigene Kaperbeute in Englands protestantischen Schatztruhen verschwinden. Königin Elisabeth I. dagegen genoß es, sie genoß auch Spaniens Zorn. Um ihn am Kochen zu halten, erhob sie Francis Drake, den furchtlosen Freibeuter, in den Adelsstand. Als „Sir" wurde Francis Drake einer der größten Seefahrer und Seehelden Englands. Der Adel übertünchte schließlich den Ruf des beutegierigen *buccaneer.*

Der Buccaneer als Drink ist ehrlicher: Er enthält viel Rum.

Eiswürfel, 1 cl Kokosnußmilch, 3 cl dunkler Rum, 2 cl heller Rum, 1 cl Curaçao Triple Sec, 1 cl Limettensaft, 3 cl ungesüßter Ananassaft

Eiswürfel in den Shaker geben, Kokosnußmilch, Rum, Curaçao, Limettensaft und Ananassaft darübergeben, kurz schütteln, in einen mit Eiswürfeln gefüllten hohen Tumbler abseihen und sofort mit einem Trinkhalm als After-Dinner-Drink servieren.

TRIPLE SEC
CURAÇAO
Liqueur
BOLS

Bula Talei

Tropical Longdrink von den Fidschi-Inseln

Bula Talei bedeutet „Willkommen, Freunde". Vor nicht allzu langer Zeit servierte man auf den schönen fernen Inseln als Welcome Drink noch eine halbe Kokosnuß voll Kawa. Auch Englands Königin Elisabeth II. kostete von dem angebotenen Trank, ohne ihr protokollarisches Besuchslächeln einzubüßen. Das leicht berauschende Getränk aus den Wurzeln des Pfefferstrauches bleibt jedoch heute den Insulanern selbst und ihren Zeremonien vorbehalten.

Mit wachsendem Fremdenverkehr wurden Fidschis Getränke dem Gastgeschmack angepaßt. Nie wird allerdings ein Longdrink ohne exotische Blüten serviert. Jasmin, Gardenien oder Frangipaniblüten sind am beliebtesten. Wer diese Garnitur nachahmen möchte, sollte die Blüten nicht direkt in das Getränk geben. Man legt sie auf eine Ananas- oder Orangenscheibe, so kommen sie nicht direkt mit dem Getränk in Berührung.

Feinzerstoßenes Eis, 4 cl Rum,
4 cl Passionsfruchtsaft, 1 cl Limettensaft,
1 cl Zuckersirup, Eiswürfel.
***Für die Garnierung:** 1 Orangenscheibe,*
1 Blüte

Eis in den Shaker füllen, Rum, Fruchtsäfte und Zuckersirup hinzufügen, kräftig schütteln und in einen zu einem Drittel mit Eiswürfeln gefüllten Tumbler abseihen. Mit der Orangenscheibe und einer Blüte garniert servieren. Bula Talai trinkt man am späten Nachmittag oder nach dem Abendessen.

Café Brûlot

Flambierter Kaffee aus Frankreich

Brûlot wird von französisch *brûler,* brennen, abgeleitet. Mit *brûlot* bezeichnet der Franzose in diesem Fall erwärmten Cognac. Zu welchem Zeitpunkt Kaffee und Cognac zueinanderfanden, läßt sich heute nicht mehr exakt feststellen. Jedoch gewiß sehr lange nachdem der französische Komponist Nicolas Bernier, 1703, im „Troisième livre des cantates françoises“ eine Kantate mit dem Titel „Le Caffe“ drucken ließ. Das ganze 18. und fast das ganze 19. Jahrhundert hindurch blieben Rezepte auf Kaffeepulver, Wasser und Zucker beschränkt. Erst seit einem Jahrhundert etwa „wird Kaffee gemischt wie ein Ragout“, wie A. Benthien in einem Feuilleton der Zeitung „Le Monde“ schrieb.

Für 4 Tassen:
8 cl Cognac, 1 Stück Stangenzimt, 4 Gewürznelken, 8 TL Zucker, 4 Streifen Orangenschale, 4 Streifen Zitronenschale, 4 Tassen heißer, starker schwarzer Kaffee

In einer Kupferkasserolle erhitzt man Cognac mit Zimt, Nelken, Zucker, Orangen- und Zitronenschalen und zündet das Ganze an. Der heiße Kaffee wird in vier vorgewärmte Tassen verteilt und mit der brennenden Flüssigkeit übergossen, wobei man darauf achtet, daß die Gewürze zurückbleiben. Café Brûlot wird gern nach einem guten Essen serviert.

Café Jemenit

Bitterkaffee aus Syrien

Die Legende von der Entstehung der Stadt Mokka am Roten Meer berichtet: Im 14. Jahrhundert stand hier nur die Hütte des Einsiedlers Sheik Shädeli, der vorbeikommende Seeleute mit einem belebenden Trank bewirtete. Dieser Trank war nichts anderes als Kaffee, dessen Ruhm sich alsbald über den ganzen Jemen verbreitete. Aus Shädelis Einsiedelei wurde ein Dorf und später ein bedeutender Kaffeehafen. Die Einwohner von Mocha – Mokka – schwören heute noch „beim Sheik Shädeli". Er gilt als Patron der Stadt und aller Kaffeekulturen des Jemen. Die Syrer beziehen nicht nur ihren Kaffee aus dem Jemen, sie haben auch uralte Rezepte übernommen.

Für 2 Tassen:
30 g stark geröstete Kaffeebohnen,
3 dl Wasser, 1 Messerspitze Kardamom

Kaffeebohnen im Mörser sehr fein zerstoßen und so lange im Wasser, dem man etwas Kardamom beifügt, kochen, bis eine dicke Flüssigkeit entsteht. Kaffee in zwei winzige Schälchen gießen und sehr heiß servieren. Wer das Getränk zu bitter findet, kann es mit Zuckersirup nachsüßen. Doch ein Original Café Jemenit ist es dann nicht mehr. Den Kaffee kann man rund um die Uhr servieren.

Casablanca

Tropical Longdrink aus Marokko

Rick's Café Americain, später Rick's Bar, den vertrauten Nachtclub aus dem Film „Casablanca", gibt es nicht mehr. Auch die Melodie „As Time Goes By" ist längst verklungen. Humphrey Bogart und Ingrid Bergman sind uns jedoch mit diesem Film, der längst ein Leinwandklassiker ist, in Erinnerung geblieben.

Die Uraufführung von „Casablanca", einem schillernden, sentimentalen Melodram um Intrige und Liebe, Verzicht und Patriotismus, fand in den Tagen einer wichtigen anglo-amerikanischen Konferenz in Casablanca statt. Und zum perfekten Timing gehörte auch ein perfekter Drink. Der Casablanca hat den Niedergang von Rick's Bar überdauert.

Eiswürfel, 4 cl weißer Rum, 4 cl Ananassaft, 4 cl Kokosnußmilch, 1 cl Grenadine.
Für die Garnierung: *1/4 Ananasscheibe, Cocktailkirschen*

Eiswürfel, Rum, Ananassaft, Kokosnußmilch und Grenadine im Shaker gut durchschütteln und das Getränk in ein bauchiges Rotweinglas (oder Burgunderglas) abseihen. Das Viertel einer frischen Ananasscheibe einkerben und am Glasrand befestigen. Kirschen auf ein Cocktailspießchen stecken und das Spießchen an der Ananasscheibe befestigen. Casablanca trinkt man zu jeder Tageszeit, nur nicht unmittelbar vor dem Essen.

Cassis-Milch

Milch-Longdrink aus Frankreich

Sarah Bernhardt, so wird erzählt, die große Schauspielerin, die ihre Rollen lebte und ihr Leben spielte, trank spätabends mit Vorliebe einen Becher Cassis-Milch. Vielleicht war dies eines der Geheimnisse ihrer *voix d'or,* ihrer goldenen Stimme. Doch vielleicht war es auch nur ein Reklamegag, denn die große Schauspielerin, ein Mitglied der Comédie-Française, war nicht nur die größte Tragödin, sondern auch eines der größten Werbegenies ihrer Tage. Ob sie im roten Fesselballon über Paris schwebte oder im Bois de Boulogne ihren Panther spazierenführte, immer sorgte sie für Aufmerksamkeit und Publikum. Selbst als Siebzigjährige spielte sie noch – und sie konnte sie glaubhaft spielen – die Mädchenrolle in der „Heiligen Johanna".

2 dl Milch, 2 cl Cassis

Milch in einem Tumbler mit Cassis mischen und servieren. Soll das Getränk sehr kalt sein, kann man dafür auch eisgekühlte Milch verwenden. Besonders gut schmeckt Cassis-Milch, wenn man 2 Eßlöffel Johannisbeereis dazugibt.
Ein Longdrink für nachmittags und abends.

Champs-Élysées

Cognac-Cocktail aus Frankreich

Chartreuse verte, der diesen Cognac-Cocktail grün einfärbt, wird von Mönchen gebraut. François d'Estrées, ein Waffenbruder König Heinrichs IV., empfahl einst den Mönchen von Saint-Bruno im Gebiet der Grande Chartreuse dieses Rezept. Das Geheimnis des Likörs liegt in der Zusammensetzung von 130 Kräutern, die in den Bergwäldern zwischen Chambéry und Grenoble wachsen.

Der Chartreuse verte wurde 1735 zur Vollkommenheit entwickelt, er ist etwas weniger süß als der Chartreuse jaune (gelber Chartreuse), der erst im Laufe des 19. Jahrhunderts auf den Markt kam.

Eiswürfel, 2–3 cl Cognac, 1 cl Chartreuse verte, 1 dash Angostura, 1 cl Zitronensaft.
Für die Garnierung: *1 Zitronenscheibe, 1 Zweig Zitronenmelisse*

Eiswürfel in den Shaker füllen, Cognac, Chartreuse verte, Angostura und Zitronensaft zugießen, 8–10 Sekunden gut durchschütteln und die Mischung durch den Strainer in ein Cocktailglas abseihen. Mit Zitronenscheibe und Zitronenmelisse garniert – vor oder nach dem Essen – servieren.

Coconut Dream

Tropical Longdrink aus Malaysia

Dieser Tropentraum ist ein herrliches Erfrischungsgetränk für jung und alt. Besonders gut eignet er sich aber für Kinderpartys, vor allem, wenn man sich die Mühe macht, ihn in Kokosnußschalen zu servieren. Dazu muß man erst einmal von den sehr harten Schalen der Kokosnüsse mit einer stabilen Holzsäge das oberste Viertel absägen, die Kokosmilch abfließen lassen und das weiße Samenfleisch sorgfältig und vollständig ausschälen. Dann wäscht man die Schalen mit sehr heißem Wasser gründlich aus. So vorbereitete Kokosnußschalen kann man bei sorgfältiger Reinigung viele Jahre lang benützen. Damit sie den nötigen Halt bekommen, kann man sie in Glasschüsselchen stellen.

Eiswürfel, 10 cl süße Sahne,
1 cl Schokoladesirup, 4 cl Coconut Cream.
Für die Garnierung:
1 TL kleine Schokoladeplättchen

Eiswürfel in den Shaker füllen, Sahne, Schokoladesirup und Coconut Cream zugießen, gut schütteln und die Mischung durch den Strainer in eine Kokosnußschale abseihen. Mit Schokoladeplättchen garnieren und mit einem Trinkhalm servieren.

Das Getränk läßt sich auch in einem Mischglas zubereiten. Coconut Dream schmeckt zu jeder Tageszeit.

Coffee Flip

Longdrink aus den Niederlanden

Flips gehören zur Kategorie der Longdrinks und werden im Shaker mit Alkohol und Eigelb gemixt. Man muß sie kräftig schütteln, damit sich das rohe Ei vollständig in dem cremigen Gemisch auflöst, ohne Flöckchen zu bilden, und seiht den Drink dann durch den Strainer in ein Glas. Flips wirken erfrischend und kräftigend zugleich. Man trinkt sie zur Entspannung, nach sportlichen Unternehmungen oder nach einer ungewohnten körperlichen Tätigkeit, man genießt sie auch nach einer langen Nacht oder in einer besonderen Stunde der Muße. Sie schmecken am besten, wenn man wohlig müde ist, sich aber dieser Müdigkeit nicht völlig hingeben will. Allerdings verlangen sie beim Mixen unsere Aufmerksamkeit. Man muß sie schnell zubereiten und schnell servieren.

Eiswürfel, 1 Eigelb, 4 cl Crème de Mocca, 2 cl süße Sahne, 2 Barlöffel Zuckersirup.
***Für die Garnierung:** etwas Kaffeepulver*

Eiswürfel in den Shaker füllen, Eigelb, Crème de Mocca, Sahne und Zuckersirup zugeben, gut durchschütteln und durch den Strainer in ein Flipglas (oder in eine Sekttulpe) abseihen. Mit etwas Kaffeepulver bestreuen und mit Trinkhalm als After-Dinner-Drink servieren. In den Niederlanden ersetzt man die süße Sahne zuweilen durch Genever.

Cuba Libre

Fancy Drink aus Kuba

Als Havanna für US-Touristen noch den Ruf eines fröhlichen Sündenbabels hatte, wurde der Cuba Libre erfunden. Damals gingen nicht nur Kubaner und Amerikaner, sondern auch der leichte, weiche Bacardi-Rum und Coca-Cola eine Verbindung ein, die manch einem zu Kopfe stieg. Wohl bezog sich das „freie Kuba" auf die Befreiung von den Spaniern, doch mit der Freiheit hatte man in Kuba schon immer seine Probleme.

Don Facundo Bacardi, der Erfinder des qualitätsvollsten Insel-Rums, verknüpfte die Lebensdauer seiner ersten Brennerei mit einer Palme. Solange sie ihre Krone stolz tragen würde, orakelte er, würde auch die Brennerei bestehen. 1960 verstaatlichte Fidel Castro den gesamten Bacardi-Besitz. Die Palme ging ein, und Don Facundos Nachkommen übersiedelten nach Puerto Rico.

Eiswürfel, Saft von 1/2 Zitrone, 5 cl Bacardi (oder ein anderer leichter, weißer) Rum, 12 cl Coca-Cola.
Für die Garnierung: *1 Zitronenscheibe*

Eiswürfel (oder etwas gestoßenes Eis) in einen großen Tumbler füllen, Zitronensaft und Rum darübergießen und mit Coca-Cola auffüllen. Mit einer Zitronenscheibe garnieren und mit einem Trinkhalm servieren. Ein Drink für heiße Nachmittage oder warme Abende.

PARIS 1889
CARTA BLANCA
RUM
Ron
Super
CONTENTS 70 CL.
MATANZAS 1881
BUFFALO 1901

Dublin Refresher

Portwein-Longdrink aus Irland

Ginger Beer, verwandt mit Ginger Ale, ist ein alkoholfreies, prickelndes Getränk. Zu alkoholfrei, wie einige Männer aus Dublin bald herausfanden. Eines Tages, so wird erzählt, strandete auf wunderbare Weise ein Fäßchen aus Portugal an der Einmündung des Liffey in der Dublin Bay. Die wackeren Männer bargen es unter größten Mühen, öffneten es und rochen Portwein. Da sich bereits eine große Menschenmenge angesammelt hatte, hätte jeder nur einen Schluck des edlen Tropfens kosten können, und so entschloß man sich, den Südwein aus dem Douro-Tal mit Ginger Beer zu mischen. Der Trank fand allseits Anklang, man mischt ihn noch heute. Allerdings hat sich im Laufe der Zeit der Portweinanteil erheblich vergrößert.

2 Eiswürfel, 10 cl trockener Portwein, 10 cl Ginger Beer

Eiswürfel in ein Bierglas legen, Portwein zugießen, mit einem langstieligen Löffel rühren und mit eiskaltem Ginger Beer auffüllen. Sollte das britische Ginger Beer nicht zur Verfügung stehen, kann man auch Ginger Ale verwenden. Dublin Refresher trinkt man nachmittags und abends.

hweppes
GEGR. 1783
700 ml
INGER ALE
MONADE MIT INGWERAUSZUG
HERGESTELLT IN LIZENZ DER
WEPPES INTERNATIONAL LTD., LONDON
SCHWEPPES GMBH, HAMBURG
PORT
NUINE
PORT

Eisschokolade

Schokoladegetränk aus Österreich

Die Schokolade war das Statusgetränk des 17. und 18. Jahrhunderts. Man bereitete sie dickflüssig und nahrhaft, mit viel Zucker und vielen Gewürzen zu, man nahm sie als Fastenspeise zu sich und hoffte auf ihre Wirkung als Aphrodisiakum.
Wiens enge Verbindung zu Spanien ließ die Begeisterung für Schokolade in der Kaiserstadt früher wachsen als in den übrigen europäischen Ländern. So wurde auch die Erfindung des modernen Kakaos, 1820 durch den Holländer Van Houten, nicht mit uneingeschränkter Begeisterung aufgenommen. Die Vorliebe zur Trinkschokolade blieb bestehen.

100 g Schokolade, 1/4 Liter Milch, 1 kleine Kugel Vanilleeis, 1 TL Rum.
Für die Garnierung: *2 EL geschlagene süße Sahne, 1 TL Schokoladeblättchen*

Schokolade im Wasserbad schmelzen, mit heißer Milch gut verrühren und kühlstellen. Die Vanilleeiskugel in ein hohes Glas (Tumbler) einlegen, mit Rum beträufeln und mit kalter Schokolademilch auffüllen. Mit einer Haube aus geschlagener Sahne garnieren und mit Schokoladeblättchen bestreut als Dessert servieren.

Feuerzangenbowle

Rotweinbowle aus Deutschland

Dieses Getränk trägt eigentlich seinen Namen zu unrecht: Es ist keine Bowle, sondern ein Punsch. Seine Jahreszeit ist der Winter mit Schnee und Frost und Sturm, seine Tageszeit ist die Dämmerstunde, sein Licht der matte Schein der Kerzen, sein Lieblingsplatz das niedrige Tischchen vor dem Kamin.

Für 4–6 Portionen:
2 Flaschen Rotwein, Saft von 2 Orangen, Saft von 1 Zitrone, 1 Zuckerhut von 250 g, 1/2 Flasche Rum (oder Aprikosengeist)

Rotwein mit dem Saft der zwei Orangen und der Zitrone erhitzen, aber nicht kochen, heiß in einen feuerfesten, dekorativen Kessel gießen und zu Tisch bringen.

Nun beginnt die eigentliche Zeremonie: Man gibt den Zuckerhut auf die Feuerzange und legt diese über den Kessel. Dann wird der Zuckerhut mit Rum (oder Aprikosengeist) durchtränkt und sofort angezündet. Sobald die Flamme zu verlöschen droht, gießt man neuen Rum nach, bis der ganze Zuckerhut brennend geschmolzen und in den Wein getropft ist. Die Feuerzangenbowle wird in feuerfeste Gläser gefüllt und sofort serviert.

Ein Tip: Wer das Getränk etwas weniger süß möchte, nimmt den Zuckerhut von der Zange, ehe er ganz geschmolzen ist.

Gibson

Gin-Cocktail aus den USA

Charles Dana Gibson galt als berühmter Illustrator der Magazine „Life“ und „Collier's Weekly“. Der Schöpfer des gezeichneten „Gibson girl“ trank seinen täglichen Martini am liebsten im New York Players Club. Eines Tages waren dem Barkeeper jedoch die Oliven ausgegangen, und da er Gibson auch als furiosen Polterer kannte, suchte er eilends nach einem Ausweg.

Was war klein, rund, mit ein bißchen pikantem Eigengeschmack und doch nicht zu geschmacksintensiv? Fast zwingend bot sich nur die Perlzwiebel an. Der Barkeeper mischte also den Martini wie immer, servierte ihn aber mit einer Perlzwiebel und nannte seine Schöpfung Gibson. Charles Dana Gibson fühlte sich angesichts dieser kleinen Ehrung so geschmeichelt, daß er vergaß, nach dem Grund der Neuschöpfung zu fragen. Fortan trank er nur mehr seinen Gibson.

Eiswürfel, 2 cl trockener Vermouth,
4 cl Dry Gin.
***Für die Garnierung:** 1–2 Perlzwiebeln*

Eiswürfel in ein Mixglas füllen, Vermouth und Gin zugießen, mit dem Barlöffel gut verrühren und durch den Strainer in ein Cocktailglas abseihen. Die Perlzwiebeln auf ein Cocktailspießchen stecken und einlegen. Gibson als Aperitif servieren.

NP
PRAT
FRENCH EXTRA DRY
Distilled London Dry Gin
FINSBURY DRY GIN
LONDON DRY GIN
created to enjoy best quality and flavour

Gin-Crusta

Gin-Longdrink aus England

Bis vor wenigen Jahren galten Crustas noch als ausgesprochene Männer-Drinks. Erst kürzlich betonte eine Londoner Frauenzeitschrift, daß selbst heute noch keine Dame in der Öffentlichkeit Crustas trinken sollte. Auch wenn der Rauhreifrand als schönes Dekor auf den Gläsern verlockend aussieht, geben harte Sachen wie Gin, Rum, Whiskey oder Cognac bei diesem Getränk den Ton an. Für einen Lady's Drink muß man jedoch nur den Gin-anteil etwas reduzieren und dafür etwas mehr Zitronensaft verwenden.

Eiswürfel, 1 TL Zuckersirup, 1 dash Angostura, 1 dash Maraschino, 3 cl Gin, 1–1 1/2 cl Zitronensaft.
***Für die Garnierung:** 1 Zitronenviertel, Kristallzucker, 1 Zitronenschale in Spiralform geschnitten*

Eiswürfel in den Shaker füllen, Zuckersirup, Angostura, Maraschino, Gin und Zitronensaft zugießen und gut durchschütteln.
Zitronenviertel einschneiden, mit der Kerbe an den Rand eines Weinkelches (Ballonglas) stecken, das Glas drehen und den feuchten Glasrand sofort in Kristallzucker drücken. Der Zuckerrand soll etwa 3 mm breit sein.
Die spiralförmig geschnittene Zitronenschale vorsichtig in das Glas einstellen und die Mischung aus dem Shaker durch den Strainer darüberseihen. Als After-Dinner-Drink servieren.

Gin-Fizz

Gin-Longdrink aus den USA

Fizz heißt zischen, sprudeln, brausen. Fizzes sind also immer Longdrinks, die mit Sodawasser oder Champagner aufgefüllt werden. Sie müssen sehr kalt sein, sehr rasch geschüttelt und sofort serviert werden. Fizzes machten in den Tanzbars und Tanzhallen Amerikas Karriere. Arm in Arm trank man sie möglichst schnell aus, um sie nicht schal werden zu lassen und um sich dem nächsten Charleston zuzuwenden.

Gin Fizz gilt als Klassiker unter den Fizzes. Der aus Sprit und einem Destillat von Wacholderbeeren, aus Koriander, Lavendelblüten, Angelikawurzel, Kardamom und Zitronenschalen hergestellte Gin bekommt durch das Sodawasser die erfrischende Note.

Eiswürfel, 2 Barlöffel Zuckersirup,
2 cl Zitronensaft, 4 cl Dry Gin,
Sodawasser zum Auffüllen

Eiswürfel in den Shaker füllen, Zuckersirup, Zitronensaft und Gin zugeben, gut durchschütteln, das Gemisch durch den Strainer in einen Tumbler abseihen und mit eiskaltem Sodawasser auffüllen. Mit Trinkhalm servieren. Ein erfrischendes Getränk, das immer schmeckt.

THE PROPERTY
PORTED
ORDON'S
1769
RY GIN
STILLERY.

Golden Lady

Champagner-Cocktail aus den USA

Mae West, das Mädchen aus Brooklyn, dessen Name in den dreißiger Jahren zum Synonym für das Wort „Vamp“ geworden ist, gilt als Taufpatin dieses Champagner-Cocktails. Er soll anläßlich der Premiere ihres Films „I'm No Angel“ 1933 erstmals gemixt worden sein.

Nun, ein Engel war die legendäre Dame, die wir auch aus den Filmen „Go West, Young Man“ oder „My Little Chikadee“ kennen, tatsächlich nicht. „Die Liste ihrer Liebhaber – wenn es eine Liste gäbe –“, schrieb eine berühmte Klatschkolumnistin einmal, „wäre länger als eine Liste der New Yorker Steuersünder – wenn es sie gäbe.“

Eiswürfel, 2 cl Cognac,
2 cl Curaçao weiß, 2 cl Orangensaft,
Champagner zum Auffüllen

Eiswürfel in den Shaker füllen. Cognac, Curaçao und Orangensaft zugießen, gut durchschütteln, das Getränk durch den Strainer in eine Sektschale abseihen und mit eiskaltem Champagner oder Sekt auffüllen. Golden Lady kann man rund um die Uhr servieren.

TAITTINGER
BRUT
REIMS
PRODUCE OF FRANCE
1970

Golden Pineapple

Ananas-Longdrink aus Tahiti

Ia ora na: Die tahitianischen Grußformeln klingen nach Liebesgeflüster in einer fremden Sprache, nach schmeichelndem Palaver unter Palmen: „Laßt uns leben, lieben, tanzen, singen, feiern …"

Golden Pineapple trinkt man beim Tamaaraa, wenn zum Klang der Rosenholztrommeln die gegarten kleinen Schweinchen, Hühner, Fische, Krevetten, die Bananen, die Süßkartoffeln, Tarowurzeln und Brotfrüchte aus der Tiefe des Erdofens geholt werden und wenn beim Tanz um die Tafel die Blütenkronen ihren Duft verströmen.

Man kann Golden Pineapple natürlich auch ohne Tamaaraa und ohne Grand Marnier trinken, doch Grand Marnier ist eben jener Schuß Frankreich, der die Südseeinsel seit langem prägt.

Eiswürfel, 1 dl frisch gepreßter Ananassaft, Saft von 1/2 Limette, 3 cl Grand Marnier.
Für die Garnierung: *1 Scheibe Ananas, 1 Blüte*

4–5 Eiswürfel in einen großen Tumbler legen, erst Ananas- und Limettensaft, dann Grand Marnier zugießen und rasch durchrühren. Aus einer Ananasscheibe einen kleinen Kreis schneiden, so daß er ins Glas paßt, einlegen, eine Blüte auflegen und mit einem Cocktailschirmchen servieren. Golden Pineapple genießt man abends oder in einer „blauen Stunde".

Golden Sunset

Grapefruit-Longdrink aus Puerto Rico

Puerto Rico, die kleinste Insel der Großen Antillen, gilt als Heimat der Grapefruits. Nachweislich wurden die Früchte – Verwandte der Pampelmuse – dort erstmals 1750 geerntet. Ihr Name, abgeleitet von *grape* (= Traube), wird damit erklärt, daß Grapefruits nicht wie Orangen oder Zitronen einzeln in den Zweigen hängen, sondern dicht beieinander in großen Fruchtständen wachsen, die mit einiger Phantasie als Riesentrauben bezeichnet werden könnten. Grapefruits, deren bittersäuerlicher Saft reich an Vitamin C ist, werden seit rund hundert Jahren in den USA großflächig kultiviert.

Gestoßenes Eis, 12 cl Grapefruitsaft, 2 cl Limettensaft, 1 Barlöffel Zuckersirup (je nach Geschmack), 2 cl Grenadinesirup

Ein Teil des Eises in den Shaker füllen. Grapefruitsaft, Limettensaft, Zuckersirup und Grenadinesirup zugießen und kräftig schütteln. Ein Longdrinkglas bis zu einem Drittel mit gestoßenem Eis füllen, die Mischung aus dem Shaker darüber abseihen und das Getränk mit einem Trinkhalm – nachmittags oder abends – servieren.

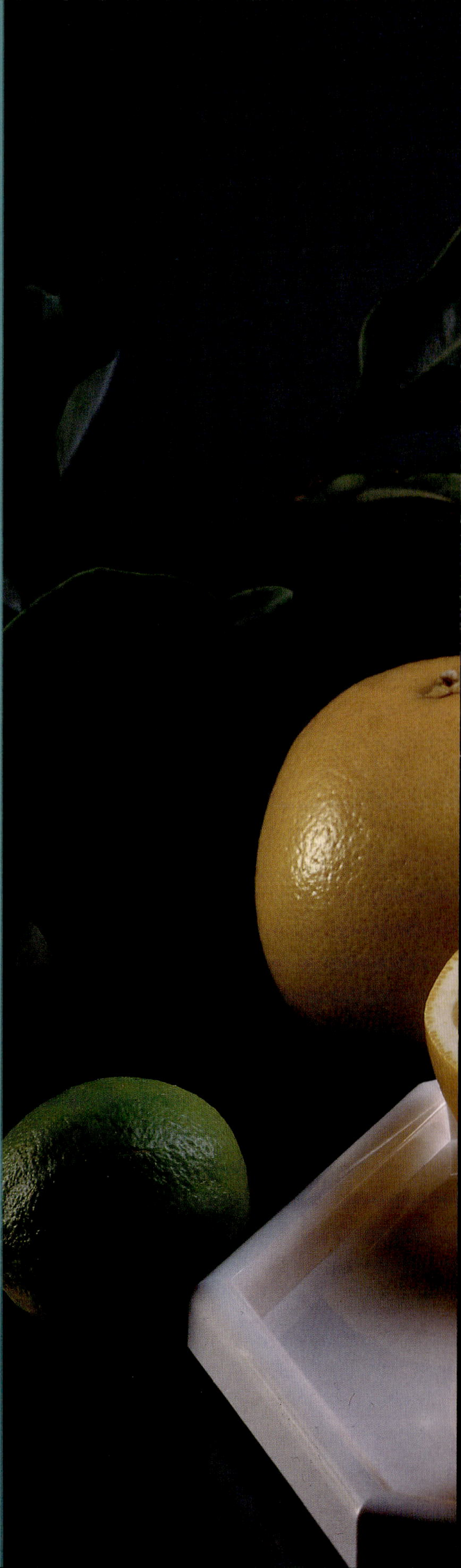

GRENADINE

Grenadine-Shake

Milchmischgetränk aus der Schweiz

Grenadinesirup, der diesem Getränk seinen Namen gab, wird aus Granatäpfeln hergestellt.
Granatäpfel sind keine Äpfel, sondern große Beeren mit einer lederharten Schale und vielen Samen, deren geleeähnliche Außenschicht saftig und süß ist. Die vielen Kerne der Frucht haben die Phantasie der Völker immer wieder beschäftigt. Die alten Griechen sahen im Granatapfel ein Fruchtbarkeitssymbol und weihten ihn den Erdgottheiten Demeter und Persephone. Im Mittelalter wurde die Frucht mit der Zahl der Tugenden Mariens verglichen.
Granatapfelsirup wird vorwiegend in Frankreich und in der französischen Schweiz zu vielen delikaten Getränken verwendet.

1/8 Liter Milch, 1 Kugel Zitroneneis, 3 cl Grenadinesirup, 1 TL Zitronensaft, 1 Tl Zucker

Milch, Eis, Grenadinesirup, Zitronensaft und Zucker im Elektromixer gut verquirlen und die Mischung in eine große Cocktailschale oder einen Tumbler füllen. Mit einem Trinkhalm als After-Dinner-Drink servieren.

Horchata de Melón

Melonengetränk aus Venezuela

Will man sich nur rasch einen Erfrischungsdrink zubereiten, sollte man dazu eine große Scheibe einer Wassermelone nehmen. Will man jedoch Gäste damit verwöhnen, so sollte man mit Farben zaubern: mit dem orangefarbenen Fruchtfleisch der Ananasmelone, mit dem gelben Fruchtfleisch der Kantalupe, mit dem grünen Fruchtfleisch der Honigmelone und mit dem roten der Wassermelone. Je ein bis zwei Gläser von jeder Sorte machen den Tisch einer Gartenparty zum Augenschmaus, wenn man außerdem noch kleine, farblich abgestimmte Blüten in große Eiswürfel einfrieren läßt. Füllen Sie dabei eine Eiswürfeltasse nur zu einem Drittel mit Wasser, lassen sie das Wasser so weit frieren, daß das Eis gerade etwas tragfähig ist. Dann legen sie die Blüte auf, gießen die Tasse voll Wasser und lassen die Blütenwürfel im Eiswürfelfach frieren.

200 g geschälte, entkernte Melone,
1 TL Zucker, 1 TL Zitronensaft,
1/8 Liter Wasser, Eiswürfel

Das Fruchtfleisch der Melone im Mixer pürieren, mit Zucker und Zitronensaft abschmekken und mit etwa 1/8 Liter Wasser (je nach Melonenart und Saftmenge) verdünnen. Kaltstellen, Eiswürfel einlegen und in einem schönen Becherglas oder in einer großen Cocktailschale servieren. Das erfrischende Melonengetränk kann man zu jeder Tageszeit genießen.

Hot Ginger

Heißer Ingwertrank aus Indien

Dieses Rezept stammt von der indischen Malabarküste. In China und Indien wurde Ingwer schon seit ältesten Zeiten als Gewürz und Medizin verwendet. Der knollige, getrocknete Wurzelstock mit seinem spezifischen Aroma und scharfen Geschmack spielte nach alten indischen Berichten bereits am Hofe der Chera-Dynastie – von der der indische Bundesstaat Kerala vermutlich seinen Namen hat – eine große Rolle. Schon im 9. Jahrhundert verkauften die Könige große Mengen Ingwer an arabische Händler, die das Würzmittel bis nach Mitteleuropa brachten. Von Europa aus gelangte die Pflanze mit der Begleiterschar des spanischen Vizekönigs Antonio de Mendoza nach Westindien. Dort fühlte sie sich so heimisch, daß Jamaika-Ingwer bald dem Ingwer aus Indien vorgezogen wurde.

Für 4 Portionen:
1 Liter Wasser, 4 Scheiben Ingwer,
4 EL brauner Zucker

Wasser, Ingwer und Zucker zum Kochen bringen, 10–15 Minuten auf kleiner Flamme ziehen lassen und in vorgewärmte feuerfeste Gläser seihen. Heiß servieren. Ein Getränk für kühle Abende.

Iced Tea

Eistee aus England

Nachdem England, durch die Jungfrau von Orléans und ihre Gefolgschaft in arge Bedrängnis gebracht, fast allen Besitz auf dem Kontinent verloren hatte, versuchte es, als Seemacht neue Herrschaftsbereiche zu gewinnen. Da der Papst die Neue Welt bereits zwischen Spanien und Portugal aufgeteilt hatte, schien es für einen Wettbewerb zwar spät, aber nicht zu spät. So machte auch die British East India Company bei der Eroberung Indiens nicht eben durch besonders ehrenwerte Taten von sich reden. Die Handelsgesellschaft raubte ein Gebiet aus, dessen Ausmaß alle bisherigen Besitztümer der englischen Krone übertraf.

Nach Juwelen, Gewürzen und Seide trat gegen Ende des 17. Jahrhunderts der Tee in den Mittelpunkt des Interesses, und bis heute ist die *cup of tea* das britische Nationalgetränk geblieben. Iced Tea ist jedoch ein Getränk der Tropen und Subtropen, ein britisches Relikt der ehemaligen Kolonien.

1/4 Liter starker Schwarztee, 2 TL Zucker, 1 TL Rum, gestoßenes Eis.
***Für die Garnierung:** 1 Zitronenscheibe, 1 Zweig Pfefferminze*

Starken Schwarztee zubereiten und auskühlen lassen. Zucker und Rum einrühren. Ein Longdrinkglas zu einem Drittel mit gestoßenem Eis füllen und mit dem kalten Tee auffüllen. Mit Zitronenscheibe und Pfefferminzzweig garnieren und sofort servieren. Iced Tea trinkt man rund um die Uhr.

Irish Coffee

Whiskey-Kaffee aus Irland

Trinkt der Kenner Whisky mit Soda, mit Wasser oder mit Kaffee? Für den Iren ist die Antwort eindeutig, er trinkt Whiskey, und er trinkt ihn pur oder mit Kaffee.

Whiskey mit „e“ vor dem Ypsilon ist so irisch wie St. Patrick, den die Iren zu ihrem Nationalheiligen erkoren. Und natürlich brachte ihnen Patrick nicht nur das Christentum, sondern auch die Idee zur Herstellung des Branntweins aus Getreide. Rückt man die Dinge aber ins Licht der Geschichte, so war Patrick kein Ire, sondern Waliser, der als Knabe nach Irland entführt wurde. Und Whisky wurde erst rund tausend Jahre nach Patrick urkundlich erwähnt.

1 TL brauner Zucker, 6 cl Whiskey,
1 Tasse starker, heißer Kaffee.
Für die Garnierung: *2 EL geschlagene süße Sahne, 1/2 TL Hagelzucker*

Zucker in ein angewärmtes Glas einfüllen, Whiskey darübergeben, dann mit dem heißen Kaffee auffüllen. So lange umrühren, bis sich der Zucker aufgelöst hat. Mit einer Schlagsahnehaube garnieren.

Zu diesem echt irischen Rezept gibt es eine effektvolle Variante:

Zucker und Whiskey in ein feuerfestes Glas geben und das leicht schräg gehaltene Glas über einer Flamme unter ständigem Drehen anwärmen. Dann kippt man das Glas etwas, so daß der Whiskey bis zum Glasrand fließt, und läßt die Flamme übergreifen. Der brennende Whiskey wird mit Kaffee abgelöscht. Zum Schluß krönt man den Kaffee mit einer Haube aus geschlagener Sahne, auf die man etwas Hagelzucker streut.

Beide Rezepte sind ein schöner Abschluß zu einem guten Essen.

Irish Coffe
Coffee

Javanischer Nelkentee

Kalter Gewürztee aus Indonesien

Davon träumten die königlichen Kaufleute des 17. Jahrhunderts in den Grachten von Amsterdam: Das Monopol für den indonesischen Gewürznelkenverkauf sollte allein in ihren Händen ruhen. Jan Pieterszoon-Coen, der heute geehrt auf Amsterdamer Denkmalsockeln steht, realisierte den Traum mit Kalkül, Gewalt und Mord. Die Gewürzkulturen vieler Inseln wurden zerstört, um sie auf einigen wenigen, die fest in niederländischer Hand waren, zu halten. Einheimische, die für sich selbst ein paar Nelken zogen, endeten auf der Zuchthausinsel Rofingyn.

Der Nelkentee wurde im Hause eines niederländischen Kaufmannes in Batavia erfunden. Nur ein Kolonialherr durfte sich diesen Gewürzluxus leisten.

Für 4 Portionen:
4–6 Gewürznelken,
1/2 Stange Zimt, 4 Tassen Wasser,
2 TL Schwarztee, 8 TL Zucker,
4 EL frischgepreßter Orangensaft.
Für die Garnierung: *1 Orange,*
4 Gewürznelken

Nelken und Zimtstange in Wasser aufkochen. Tee in eine Teekanne geben und die Flüssigkeit kochend darübergießen. 5–6 Minuten ziehen lassen.

Zucker in einem Topf ganz leicht anbräunen, mit Orangensaft ablöschen und den Tee durch ein feines Sieb darübergießen. Einmal kurz aufwallen lassen. Abkühlen lassen, in Tassen gießen, in den Kühlschrank stellen und sehr kalt, mit Orangenscheiben garniert, in die man je eine Nelke steckt, servieren. Ein Getränk, das zu jeder Tageszeit erfrischt.

Jenny Linds Punsch

Weinpunsch aus Deutschland

Jenny, eigentlich Johanna Maria Lind, die gefeiertste Sängerin ihrer Zeit, ging mit ihrer wunderschönen Sopranstimme als „schwedische Nachtigall“ in die Geschichte der Konzertsäle ein.

Am 7. Dezember 1844 hob sie in der Berliner Königlichen Oper „Unter den Linden“ die heute fast vergessene Oper „Ein Feldlager in Schlesien“ von Meyerbeer aus der Taufe. Berlin jubelte ihr vom ersten Tag an zu. Nach der glanzvollen Premiere spannten die Berliner die Pferde ihres Wagens aus und schoben die Kutsche zu der bekannten Weinkneipe von Lutter und Wegener, wo viele große Schauspieler ihre Premieren feierten. Der Punsch, der den Namen des Stars trägt, soll zum ersten Mal in Berlin serviert worden sein. Belegt ist es nicht, einige andere Städte und Länder streiten sich ebenfalls um die Erfinderkrone für dieses Getränk.

Für 4 Portionen:

1 Flasche Weißwein , 100 g Karamelzucker, 1/2 abgeriebene Orangenschale, Saft von 1 Orange, 1/2 Vanilleschote, 1 dl Madeira, 1/2 Flasche Sekt

In einer Kasserolle Wein, Karamelzucker, Orangenschale, Orangensaft und die halbe Vanilleschote langsam bis zum Siedepunkt erhitzen. Vanilleschote entfernen, Madeira zugießen, Punsch vom Feuer nehmen und kurz vor dem Servieren mit Sekt aufgießen. Feuerfeste Gläser gut vorwärmen, den Punsch einfüllen und sofort, vor allem an kalten Winterabenden, servieren.

Julglogg

Weihnachtspunsch aus Schweden

Ins Buch der Punschrekorde trug sich schon 1685 Englands Admiral Edward Russel ein. In einem gemauerten Teich seines romantischen Parks ließ er von eifrigen Schiffsjungen 8 Tonnen Weinbrand, 8 Tonnen Wasser, 10 Fäßchen Malaga, 1300 Pfund Zucker, 2500 Zitronen, 5 Pfund Zimt und viele geriebene Muskatnüsse von Booten aus mischen. Das Fest dauerte eine Woche, und für die ausdauerndsten Gäste, hieß es, hing am Ende die Welt reichlich schief in den Angeln.
Die Schweden geben sich mit kleineren Portionen Punsch zufrieden, allerdings ist ihr Weihnachtsgetränk reich an Alkohol.

Für 4–6 Portionen:
1 Liter Rotwein, 1/2 Liter Aquavit, 100 g Rosinen, 200 g Zucker, je 1 abgeriebene Zitronen- und Orangenschale, 1 Zimtstange, 12 Gewürznelken, 5 Kardamomkörner, 12 überbrühte, abgezogene Mandeln

Rotwein mit der Hälfte des Aquavit, mit Rosinen, Zucker, Zitronen- und Orangenschalen und den in ein Stück Gaze gebundenen Gewürzen erhitzen. Einmal aufwallen lassen, bei geringer Hitze heiß halten und den restlichen Aquavit zugießen. Gewürzbeutelchen entfernen. Hitzebeständige Gläser vorbereiten, in jedes Glas einige Rosinen und Mandeln einlegen und den Punsch darübergießen. Sofort heiß servieren.

Kangaroo

Wodka-Cocktail aus Australien

So kam das Känguruh auf den Wodka: Als eine Boeing 727 der Trans Australian Airlines in Canberra landen wollte, benützte gerade ein Känguruh die Landebahn für sein Hüpftraining. Der Pilot war gezwungen, seine Maschine über der Hauptstadt kreisen zu lassen, bis das Tier außer Reichweite geraten würde. Doch vergeblich: Das Känguruh hüpfte und hüpfte und machte keinerlei Anstalten, dem seltsamen, lauten Vogel aus dem Weg zu springen. Der Pilot gab auf und flog nach Sydney zurück, um die Maschine neu aufzutanken und die Vertreibung des frechen Eindringlings abzuwarten.

Nach zwei Stunden war es soweit. Das Känguruh schenkte zwar den Vertreibungsversuchen keinerlei Beachtung, einer bereitgestellten Schüssel voll Wodka konnte es aber nicht widerstehen. Es löschte seinen Durst, wurde müde und konnte eingefangen werden. Die Maschine aus Sydney landete sicher mit zweieinhalbstündiger Verspätung.

Eiswürfel, 4 cl Wodka, 1 cl Vermouth trocken, 1 Spritzer Zitronensaft.
***Für die Garnierung:** 1 Zitronenscheibe*

Eiswürfel in ein Mixglas geben. Wodka und Vermouth zugießen, gut durchrühren und durch den Strainer in ein Cocktailglas abseihen. Ein paar Tropfen Zitronensaft darüberspritzen.

Zitronenscheibe einschneiden, an den Rand des Cocktailglases klemmen und das Getränk sofort als Before-Dinner-Cocktail servieren.

Karkadé

Blütengetränk aus Kuwait

Ein gewaltiger Ölsegen verwöhnt das moslemische Emirat Kuwait, doch die Hitze, die aus der Wüste Ad Dibdiba herüberweht, läßt sich auch mit Geld – zumindest im Freien – nicht mindern. So spielen alkoholfreie Erfrischungsgetränke eine große Rolle. Das belebende Karkadégetränk, das entweder aus wildwachsendem Blütenhibiskus oder echten Karkadéblüten hergestellt wird, fehlt in keinem eleganten Haus. Stets serviert ein Diener das Getränk in einer dickbauchigen, gehämmerten Messingkanne, die mit einem Gürtel aus Eis umgeben ist. Die rubinrote Flüssigkeit glänzt im Glas wie edler Wein und erfrischt ganz wunderbar.

Die getrockneten Blüten sind in Reformhäusern erhältlich.

Für 4 Personen:
200 g getrocknete Karkadéblüten,
150 g Zucker,
1 dünn abgeschälte Zitronenschale.
Für die Garnierung:
einige Blätter frische Minze

Trockenblüten eine Stunde lang in 1 Liter lauwarmem Wasser einweichen, anschließend Zucker und Zitronenschale beigeben und etwa 20 Minuten lang aufkochen. Auskühlen lassen. Die Flüssigkeit durch ein dünnes Baumwolltuch filtern und den Auszug mit 1 Liter kaltem Wasser verdünnen. Karkadé in den Kühlschrank stellen und eiskalt, möglichst aus einer Messingkanne, in vorgekühlte Gläser gießen. Zum Schluß frische Minzeblätter einlegen. Karkadé trinkt man rund um die Uhr.

Kaya special

Kokosnuß-Shake aus Malaysia

Kaya wird in Malaysia oft zum Frühstück getrunken. Man stellt den Trank aus Kokosnuß, Milch, Eiern und Zucker her. Aus der sehr süßen Frühstücksmilch, die besonders gut zu Toast paßt, entwickelte sich unter dem Eindruck zunehmender Touristenzahlen Kaya special, ein alkoholfreies Fruchtgetränk, das wunderbar kühlt und ganz ausgezeichnet schmeckt.

1 reife Banane, 1 TL Zucker, gestoßenes Eis,
3 cl süße Sahne, 6 cl Milch,
2 cl Kokosnußcreme.
***Für die Garnierung:** 1 Bananenscheibe,*
1/2 TL Zucker und Zimt gemischt

Banane mit Zucker pürieren. Eis in den Shaker füllen, Bananenpüree, Sahne, Milch und Kokosnußcreme zugeben und 10–15 Sekunden gut durchschütteln. Ein Longdrinkglas bis zu einem Drittel mit gestoßenem Eis füllen und die Mischung aus dem Shaker durch den Strainer darüber abseihen. Bananenscheibe mit Zucker-Zimt-Mischung bestreuen und als Garnierung einlegen. Mit Trinkhalm – zu jeder beliebigen Tageszeit – servieren.

Kela ka Rayta

Bananenjoghurt aus Indien

Im Grunde genommen sind *Raytas* erfrischende Joghurtspeisen, die, ebenso wie Salat, in Indien die Hauptspeisen begleiten. Auch Kela ka Rayta wird vielfach als Beigericht – vorwiegend in der vegetarischen Küche – gegessen. In jüngster Zeit entstanden aus manchen dieser Joghurts durch Beigabe von eisgekühltem Mineralwasser ausgezeichnete Erfrischungsgetränke, die im Grunde genommen nicht mehr ganz zu Recht ihren alten Namen führen.

10 g Butter, 1 EL geriebene frische Kokosnuß, 2 dl Joghurt, 1/2 sehr reife Banane, 1/2 TL frische Minze, 4 cl Mineralwasser

Butter erhitzen, das grobgeriebene Fruchtfleisch der Kokosnuß kurz durchrösten und auskühlen lassen. Joghurt, Kokosnußfleisch, Banane und Minze in den Mixer geben und gut durchmischen. Das Gemisch in ein Longdrinkglas füllen und mit eisgekühltem Mineralwasser aufgießen. Kurz durchrühren und sofort servieren. Kela ka Rayta wird meistens nach, eventuell auch zum Essen gereicht.

Ein Tip: Wer es zu umständlich findet, eine Kokosnuß zu öffnen, kann auch Kokosflokken oder Kokosraspel verwenden.

Kir und Kir Royal

Burgunder-Longdrink aus Frankreich

Die Wiege des Kir stand im burgundischen Dijon. Eigentlich konnte sie nur hier stehen, denn die Liaison aus Traube und Johannisbeere wäre nach französischem Selbstverständnis an keinem anderen Flecken dieser Erde so perfekt möglich gewesen.

Während die Mönche von Cîteaux die burgundischen Weine schon im 12. Jahrhundert berühmt machten, schmückten sich die Herzöge mit dem Titel „Unmittelbare Herren der besten Weine der Christenheit".

Die schwarzen Johannisbeeren von den Anhöhen der Bourgogne fanden zwar keinen Eingang in die herzogliche Eitelkeitsnomenklatur, doch Crème de Cassis von Dijon weckte ebenfalls schwärmerischen Überschwang. Es war also nur eine Frage der Zeit, bis beide edlen Tropfen zueinanderfinden konnten. Für Burgund bezeichnend: Der Kir erhielt seinen Namen nach einem stellvertretenden Bürgermeister der Stadt Dijon.

2 cl Crème de Cassis, 6 cl trockener, weißer Burgunder

Crème de Cassis in ein Weißweinglas gießen, mit gut gekühltem Wein auffüllen und vorsichtig umrühren.

Kir Royal wird ebenso zubereitet, doch an Stelle von Wein nimmt man einen sehr kalten, sehr trockenen Champagner.

Kir und Kir Royal sind Aperitifs.

Kiwi-Shake

Milchmischgetränk aus Neuseeland

In ihrer Urheimat China nannte man die Kiwis *Yang tao,* was übersetzt „vegetarische Maus“ bedeutet. Tatsächlich waren sie unter all den Früchten Chinas die unansehnlichsten. Ihre braungrüne, haarige Schale verbarg den delikaten Inhalt. Als die ersten Früchte nach Neuseeland gelangten, bezeichnete man sie als chinesische Stachelbeeren. Das war zwar eine Spur freundlicher, doch bald übersiedelte ihr Name wieder ins Tierreich, man nannte sie nach dem braunen, flügellosen, struppigen Straußenvogel Kiwi.

Die ersten neuseeländischen Kiwiplantagen an der Bay of Plenty wurden jedoch ein voller Erfolg. Heute beträgt die Ernte jährlich etwa 30 Millionen Früchte.

1/8 Liter Milch, 1 Kugel Kiwi-Eis, 1–2 Kiwis, 1 TL Honig, 2 cl Bananenlikör.
Für die Garnierung: *1 Scheibe Kiwi*

Milch, Eis, geschälte, in Stücke geschnittene Kiwis, Honig und Bananenlikör gut verquirlen und in ein Longdrinkglas gießen. Mit einer Kiwischeibe garnieren und mit Trinkhalm – am besten als Dessert – servieren.

Knickerbocker

Gin-Cocktail aus den USA

Washington Irving, der Vater der amerikanischen Literatur, veröffentlichte seine „Humoristische Geschichte von New York“ unter dem Pseudonym Diedrich Knickerbocker. Damit brachte er einen Spitznamen unters Volk: Knickerbockers hießen fortan alle New Yorker Abkömmlinge der holländischen Patrizier. Als Knickerbockers bezeichnete man außerdem die zu Ende des 19. Jahrhunderts modischen Kniebundhosen und den Club, in dem die Regeln des Baseballspieles erfunden wurden.

Cholly Knickerbocker nannte sich auch einer der berühmt-berüchtigtsten Klatschkolumnisten New Yorks. Er war eitel genug, immer wieder zu betonen, dieser Cocktail sei nach ihm benannt worden. Doch wer traut schon einem professionellen Schwätzer?

Eiswürfel, 1 cl süßer Vermouth,
2 cl trockener Vermouth, 3 cl Gin.
Für die Garnierung:
1 Zitronenzeste (spiralförmig abgeschälte, ungespritzte Zitronenschale)

Eiswürfel in den Shaker füllen, Vermouth und Gin zugießen und gut durchschütteln, nach etwa 8–10 Sekunden das Getränk durch den Strainer in ein Cocktailglas abseihen und mit einer Zitronenzeste garniert als Before-Dinner-Drink servieren.

Kumquat Dream

Whisky-Cocktail aus Südafrika

Kumquats oder auch „japanische Orangen" sind Zwergorangen mit einer gelben, dünnen, eßbaren, zitronenähnlichen Schale. Längst haben sie sich aus ihrer Urheimat China über Ostasien, Afrika, vor allem Südafrika und Amerika ausgebreitet. Seit geraumer Zeit wachsen sie auch in den Mittelmeerländern und kommen nun verstärkt, auch frisch, in unsere Obstläden. Darüber hinaus erhält man die besonders aromareichen Früchte auch in Sirup eingelegt im Handel.

Eiswürfel, 2 Barlöffel Kumquatsirup, 4 cl Whisky.
***Für die Garnierung:** 1 Kumquat*

Eiswürfel in den Shaker füllen, Kumquatsirup und Whisky zugießen, gut durchschütteln und die Mischung durch den Strainer in ein Cocktailglas abseihen.
Die ungeschälte, halbierte Kumquat auf einen Cocktailspieß stecken und in das Glas stellen. Kumquat Dream serviert man als After-Dinner-Cocktail.

Liebestrank

Mandarinentee aus dem Iran

Im 1. Jahrhundert v. Chr. gab Chinas Kaiser Yüan Ti, um des lieben Friedens willen, dem Häuptling der Hunnen eine seiner Frauen als Braut. Yüan Ti kannte die auserwählte Chao Chün jedoch nur von den Bildern eines korrupten Hofmalers. Da Chao Chün aber zu stolz gewesen war, den Maler zu bestechen, hatte er sie ohne jede Anmut gemalt. Nach diesem reizlosen Bild aber wählte der Kaiser die Braut für die hunnische Hochzeit aus. Zu spät entdeckte er die bezaubernde Schönheit des Mädchens, das er für ein Leben im Hunnenlager bestimmt hatte. Chao Chün, die „Dame Schön", opferte sich jedoch für ihr Volk. Zu den vielen Dingen, die sie die Hunnen lehrte, zählte auch die Zubereitung des Tees. Die neue Kunst, heißt es, ging mit den ruhelosen Hunnen weiter nach Westen, auch nach Persien.

Für 4 Portionen:
1/2 Liter Wasser, 3 TL Schwarztee, 4 TL Zucker (je nach Geschmack auch mehr), Eiswürfel, Saft von 2 Mandarinen, 2 Pfirsiche.
Für die Garnierung: *4 Zitronenscheiben, kandierte Schalen von zwei Mandarinen*

Wasser kochen, den Tee damit aufgießen und fünf Minuten ziehen lassen. Dann den Tee durch ein Sieb abseihen, zuckern und abkühlen lassen. Je 3–4 Eiswürfel in vier hohe Teegläser legen, mit Mandarinensaft übergießen, die geschälten, halbierten Pfirsichhälften darüberschichten und mit kaltem Tee auffüllen. In jedes Glas eine dünne Zitronenscheibe legen und die Scheibe mit gehackter kandierter Mandarinenschale bestreuen. Mit Trinkhalm servieren. An heißen Tagen schmeckt der Liebestrank rund um die Uhr.

Mandelmilch

Eisgetränk aus dem Iran

Die Urheimat des Mandelbaumes ist Persien. Von hier aus verbreitete er sich im Laufe eines Jahrtausends über den ganzen Mittelmeerraum. „Er ging mit Mohammeds Lehren in jedes Land, das seiner würdig war", schrieb man in einer Isfahaner Chronik. Doch als Mohammed geboren wurde, hatte sich der Mandelbaum längst den ganzen Vorderen Orient als Lebensraum erobert.

Unser Rezept stammt aus Isfahan, wo in der zweiten Hälfte Februar die Mandelbäume in voller Blüte stehen. In den vergangenen Jahrzehnten hat man der Mandelmilch zuweilen etwas Cognac zugefügt. Doch das ist nun vergessen, das erfrischende Getränk darf höchstens nach ein wenig Rosenwasser duften, um Allah und seine irdischen Vertreter nicht zu erzürnen.

40 g süße und 2–3 bittere Mandeln, 1 EL Zucker, 3 dl Milch, 1 Tropfen Rosenwasser, 1 Kugel Vanilleeis.
***Für die Garnierung:** 1 frischer Minzezweig*

Mandeln eine Minute in kochendes Wasser legen und anschließend die Haut abziehen. Die geschälten Mandeln mit Zucker und 2 EL eisgekühlter Milch im Mixer pürieren und die restliche Milch zugießen. Mit einem Tropfen Rosenwasser aromatisieren.

Eine Eiskugel in einen großen Tumbler einlegen und die Mandelmilch darübergießen. Mit einem Zweig Minze garnieren und sofort eiskalt servieren. Mandelmilch schmeckt zu jeder Zeit.

Mango Eldorado

Tropical Longdrink aus Guyana

Jahrtausende hindurch wuchs der Mangobaum nur in Südasien, ehe die Portugiesen ihn von Kontinent zu Kontinent, von Indien nach Afrika und von Afrika nach Südamerika verpflanzten.
Nun gibt es grüne, gelbe, rote, längliche, runde und ovale Mangos. Welche dieser apfelähnlichen Früchte man jedoch auch kostet: Sie haben große Kerne, die sich nur schwer aus dem Fruchtfleisch lösen. Sie sind sehr saftreich, und der Saft spritzt daher leicht beim Essen rundum. Keine Frucht für feine Leute, berichtete der rasende Reporter Egon Erwin Kisch aus seinem mexikanischen Exil. Wenn es nach Kisch ginge, würde man Mangos am besten nachts nackt im Meerwasser einer lauschigen Bucht essen.
Man kann jedoch auch Mangosaft pur trinken oder Mangolikör in einen Longdrink mischen wie bei diesem Rezept.

1 kleine, reife Banane, Eiswürfel,
1 cl Mangolikör, 2 cl Limettensaft, 4 cl Rum.
Für die Garnierung: *1 Limettenscheibe*

Banane im Mixer pürieren. Eiswürfel in den Shaker füllen, Bananenpüree, Mangolikör, Limettensaft und Rum zugeben, gut durchschütteln und durch den Strainer in ein zu einem Drittel mit Eiswürfeln gefülltes Longdrinkglas abseihen. Mit einer Limettenscheibe garniert nachmittags oder abends servieren.

Manhattan

Whiskey-Cocktail aus den USA

Richard Burton sagte einmal, der beste Manhattan käme aus Curd Jürgens' Pferdekrippe. Ein Zeugnis, dem man die Kennerschaft nicht absprechen dürfte. Tatsächlich hatte Jürgens in seinem schloßähnlichen Haus in St. Jean am Cap Ferrat eine ehemalige Futterkrippe zur Bar umbauen lassen. Sie entsprach der Größe des Hauses und den Dimensionen, die Jürgens angemessen erschienen. An dieser „Tränke" riesigen Ausmaßes saßen viele Vertreter prominenter Namen: Wernher von Braun und die Karajans, Aristoteles Onassis und Frank Sinatra, die Burtons und Brigitte Bardot mit ihren jeweiligen Begleitern.

Als Jürgens das Haus verkaufte, um in das kleine, verschachtelte Felsennest Vence umzusiedeln, waren schon Tausende von Manhattans aus der Pferdekrippe geflossen.

Eiswürfel, 2,5 cl Whiskey, 2,5 cl Vermouth, 1 dash Angostura.
Für die Garnierung: *1–2 Cocktailkirschen*

Eiswürfel in ein Mixglas füllen, Whiskey, Vermouth und Angostura zugießen, mit dem Barlöffel gut verrühren und durch den Strainer in ein Cocktailglas abseihen. Mit ein bis zwei auf ein Cocktailspießchen gesteckten Kirschen als Aperitif servieren.

Maracuja Sunrise

Tropical Cocktail aus Brasilien

Die Maracuja ist eine Frucht der lianenartigen Passionsblumengewächse mit dem wissenschaftlichen Namen *Passiflora edulis.* Sie hat die Größe einer Mandarine, eine gelbliche bis bräunliche, zuweilen fast schwarze, runzelige Schale und ein säuerliches, gelatineartiges, aromatisches Fruchtfleisch mit vielen kleinen, schwarzen Kernen.

Die in Südamerika heimische Frucht wird vorwiegend zu wohlschmeckendem Saft und Sirup verarbeitet und in Konserven exportiert. Wollte man Maracujasirup selbst herstellen, müßte man das große Kerngehäuse der Frucht ausschaben und mit Zucker und Wasser im Mixer so lange durchschlagen, bis sich die Kerne aus der gelatineähnlichen Schicht lösen. Der durch ein Sieb gegossene, kernlose Saft kann durch Zugabe von weiterem Zucker zu Sirup verarbeitet werden.

Eiswürfel, 1 cl Limettensaft,
3 cl Maracujasirup, 3 cl Gin.
***Für die Garnierung:** 1 Limettenscheibe*

Eis in den Shaker füllen, Limettensaft, Maracujasirup und Gin zugießen, 10 Sekunden gut durchschütteln und das Getränk durch den Strainer in ein Cocktailglas abseihen. Mit einer an den Glasrand gesteckten, eingeschnittenen Limettenscheibe garnieren. Als After-Dinner-Drink servieren.

Margarita

Tequila-Cocktail aus Mexiko

Wer jemals in Mexico City war, weiß, daß man die besten Margarita Cocktails in der Bar „La Opera“ trinkt.

Das wußte anscheinend auch der berühmte Rebell und mexikanische Robin Hood Francisco „Pancho“ Villa. Stolz zeigt man heute noch die Einschußstellen seiner Kugeln, die er beim Sturm auf den Saloon abfeuerte. Doch ein Margarita Cocktail schmeckt auch ohne das Flair der Revolutionäre. Seine Grundsubstanz ist Tequila, der vergorene, zuckerhaltige Saft der Quezcalagaven.

Tequila ist eine Erfindung der Nahua-Indianer und war schon zu Zeiten Montezumas das Getränk der Azteken. Die Margaritas oder Margueritas, wie sie in Mexiko heißen, sind die verfeinerten, verstädterten Schwestern der Tequilas.

1 Limonenscheibe, etwas Salz, Eiswürfel, 4 cl Tequila, 1 cl Curaçao, 1 cl Limonensaft

Ein Cocktailglas im Kühlschrank kühlen. Limonenscheibe einschneiden, auf den Rand des gekühlten Glases stecken, das Glas drehen und den feuchten Rand sofort in das auf einen flachen Teller geschüttete Salz tauchen, so daß etwas Salz haften bleibt. Eiswürfel in den Shaker füllen, Tequila, Curaçao und Limonensaft kurz, aber kräftig schütteln und das Getränk durch den Strainer in das Cocktailglas abseihen. Als Aperitif oder als After-Dinner-Drink servieren.

Martini Dry

Gin-Cocktail aus den USA

Martini Dry ist der Lieblingsaperitif von James Bond. Der Held aus der Feder des Schriftstellers Ian Fleming geistert über die Leinwände rund um den Erdball und trinkt als Secret Agent 007 seinen Martini am liebsten ganz besonders „trocken". Dry heißt in diesem Falle: sehr viel Gin trifft auf möglichst wenig Vermouth. So unterscheiden sich auch alle Martinirezepte durch das Verhältnis der Mischung, bis hin zum Martini, „der Vermouth-Duft nur eingeatmet hat".

So – beinahe nur aus purem Gin – liebte Fleming seinen Martini. Er gab sich als Kenner aus, doch um so lauter erhob sich die Stimme der Kritiker: Sein James Bond läßt die Martini Cocktails im Shaker und nicht im Mixglas zubereiten. Der ganze Berufsstand der Barkeeper fühlte sich dadurch gekränkt.

Eiswürfel, 5 cl Gin, 1 cl Vermouth dry.
Für die Garnierung: *1 Olive (nicht gefüllt und nicht in Öl gelagert)*

Große Eiswürfel in ein Mixglas legen. Gin und Vermouth zugießen, mit dem Barlöffel kurz durchrühren und die Mischung durch den Strainer in ein gut gekühltes Cocktailglas abseihen. Mit einer grünen Olive dekoriert servieren. Besonders gut als Aperitif geeignet.

Mary Pickford

Rum-Cocktail aus Kuba

Eigentlich hieß sie Gladys Marie Smith und wurde im kanadischen Toronto geboren. Doch das unschuldige junge Mädchen des amerikanischen Stummfilms machte als Mary Pickford eine Weltkarriere.
In Amerika erzählt man häufig, der Cocktail mit ihrem Namen sei zur Geburtstagsfeier der United Artists Corporation, die sie mit ihrem Gatten Douglas Fairbanks, Charlie Chaplin und D. W. Griffith gegründet hatte, kreiert worden. Doch das ist nur eine Legende. Der Cocktail wurde auf Kuba, im „goldenen Zeitalter der Cocktails", als die USA durch das Prohibitionsgesetz „trockengelegt" waren, erdacht. Er bekam seinen Namen, um Amerikas zahlreiche Touristen, die Kuba des Alkohols wegen aufsuchten, zu erfreuen.

Feingestoßenes Eis, 4 cl Ananassaft,
1 Spritzer Grenadine, 1 Spritzer Maraschino,
4 cl weißer Rum.
***Für die Garnierung:** 1/4 Ananasscheibe,*
1 Cocktailkirsche

Eis in den Shaker füllen, Ananassaft, Grenadine, Maraschino und Rum zugießen, kräftig schütteln und die Mischung durch den Strainer in ein großes, gut vorgekühltes Cocktailglas (am besten in eine Cocktailschale) abseihen. Ananasviertel und Kirsche auf einen Cocktailspieß stecken, den Cocktail damit garnieren und nach dem Essen reichen.

TRADE MARK
Excelsior

Mazagran

Eiskaffee aus Österreich

Da staunten die Leute aus Mekka: Ein frommer Scheich, hieß es, habe im Bazar von Aden öffentlich und gleichsam als Schauspiel „schwarzen Saft" getrunken. Der schwarze Saft, Kaffee, eroberte bereits im 15. Jahrhundert ganz Mekka im Sturm. Dennoch versuchten Kaffeefeinde immer wieder eine Koransure zu finden, nach der man den Kaffeegenuß verbieten konnte. Eine der abenteuerlichsten Interpretationen fanden türkische Zeloten. Die Kaffeebohne sei eine Kohle, sagten sie, und der Genuß der Kohle sei im heiligen Buch verboten. Erst der Vorbehalt eines frommen Würdenträgers, die Kaffeebohne sei doch wohl nur im übertragenen Sinne als Kohle zu bezeichnen, gebot der Verfolgung der Kaffeetrinker im letzten Augenblick Einhalt.

Obwohl Mazagran gelegentlich als arabisches Getränk bezeichnet wird, stammt das Rezept aus Österreich. Die Österreicher sahen in dem aus der dalmatinischen Maraskakirsche gewonnenen Maraschino eine prächtige Ergänzung zu ihrem heißgeliebten Kaffee.

Eiswürfel, 2 TL Zucker, 2 dl starker, schwarzer Kaffee, 1 cl Maraschino

Einige Eiswürfel in ein Longdrinkglas legen, kalten, gezuckerten Kaffee darübergießen, Maraschino zugeben, das Ganze gut durchrühren und zum Fünfuhrtee oder nach dem Essen servieren.

Mint Julep

Champagner-Longdrink aus den USA

Juleps sind die Longdrinks des amerikanischen Südens. Sie sind in den schönen, weißen, im Kolonialstil gebauten Häusern Virginias entstanden. Man saß auf großen Terrassen hinter mächtigen Säulen und schlürfte an heißen Sommertagen die kühlen, nach Minze duftenden Longdrinks. Die Minze, tunlichst Krauseminze, ist ein unumgänglicher Bestandteil. Man bekommt sie jederzeit frisch auf Märkten oder in gutgeführten Läden. Man kann sie aber auch leicht selber im Garten oder in Balkonkästen ziehen. Minze wächst am liebsten in verhältnismäßig feuchtem Boden, wenn sie den Kopf in den Schatten und die Füße in die kühle Erde stecken kann.

2 kleine Zweige Krauseminze, 2 TL Zucker oder Zuckersirup, feingestoßenes Eis, 2 dashes Angostura, Champagner zum Auffüllen.
***Für die Garnierung:** 1 Zweig Minze, Cocktailkirschen*

Minzzweige in einen großen Tumbler stellen und mit Zucker bestreuen. Den Saft mit Hilfe eines Löffels aus den Minzzweigen drücken und die Minze entfernen. Das Glas zu einem Drittel mit gestoßenem Eis füllen. Angostura hinzugeben und mit Champagner auffüllen. Den Julep mit Krauseminze und Cocktailkirschen garnieren und mit einem Trinkhalm als Aperitif oder After-Dinner-Drink servieren.

Mojito

Rum-Cocktail aus Kuba

In der Bodeguita del Medio von Havanna wurde diese Variation des Daiquiri schon um die Jahrhundertwende erfunden. Die Bodeguita gibt es heute noch, an der Wand hängen die alten Bilder und Postkarten. Hier kreisen die Gedanken um Vergangenes, denn in der Bodeguita del Medio saß einst Ernest Hemingway und trank seinen Mojito, ehe er allabendlich ins berühmte Restaurant La Floridata überwechselte.

Will man der Legende trauen, so haben zwei Techniker aus den Kupferminen in der kubanischen Provinz Oriente 1895 zum ersten Mal Rum, Zucker, Limettensaft und Eis zu einem Drink gemischt, den sie nach dem Nachbardorf Daiquiri nannten.

1 TL Zucker, 3 Minzblätter,
Saft von 1/2 Limette, 4,5 cl weißer Rum,
2 EL geschabtes Eis, 1 Zweig Minze,
2 cl Sekt, Soda zum Auffüllen.
***Für die Garnierung:** 1 Limettenscheibe*

Zucker, Minzblätter und den Limettensaft in einen Tumbler geben, Rum und Eis hinzufügen und gut umrühren. Einen kleinen Minzzweig einstellen, Sekt zugießen und mit Soda auffüllen. Mojito mit einer Limettenscheibe garniert nachmittags oder abends servieren.

Negroni

Campari-Cocktail aus Italien

Der wunderschön rubinrote Campari Bitter wurde erstmals im Jahre 1867 in einem Mailänder Keller aus aromatischen Kräutern und dem Duftstoff der Orangenschalen erzeugt. Der große Wurf gelang dem Cafetier Caspare Campari. Bis heute blieb das Rezept geheim und im Besitz der Familie. Die berühmte rote Farbe ist übrigens ein Produkt der Natur und kommt bei Kerzenlicht besonders gut zur Geltung.

2–3 kleine Eiswürfel, 3 cl Campari,
3 cl Vermouth Rosso, 2 cl Gin.
***Für die Garnierung:** 1 Orangenscheibe*

Eiswürfel in einen kleinen Tumbler legen, Campari, Vermouth und Gin darübergießen, gut durchrühren und mit einer Orangenscheibe garniert als Aperitif servieren.

Paesuk

Birnenpunsch aus Korea

Koreanische Birnen unterscheiden sich deutlich von unseren europäischen Birnen. Sie sind rund wie Äpfel und haben ein festeres Fruchtfleisch. Um das Rezept mit gutem Erfolg nachvollziehen zu können, verwendet man harte Birnensorten.

Für 4–6 Portionen:
40 g Ingwer (Wurzelstück), 6 Tassen Wasser, 2 Birnen, 80 g Zucker, 2 TL Piniennüsse

Ingwer waschen, schälen (falls es sich um ungeschälten Ingwer handelt) und in dünne Scheibchen schneiden. Wasser erhitzen, die Ingwerscheiben ca. 30 Minuten kochen und anschließend aus dem Wasser nehmen. Birnen schälen, in 6 Spalten schneiden, das Kerngehäuse entfernen und im Ingwerwasser mit Zucker etwa 20 Minuten kochen. Piniennüsse in eine Punschschüssel einlegen, das Getränk mit den Birnen zugeben, auskühlen lassen und dann noch etwa 2 Stunden in den Kühlschrank stellen. Sehr kalt servieren. Ein ideales Getränk für heiße Nachmittage.

Peppermint-Tonic

Fancy Drink aus Kanada

Indian Tonic Water enthält Zucker, Zitronensäure, Kohlensäure, Naturaroma und Chinin. Jacob Schweppe war Schweizer, doch er verließ seine Heimat mit den zahlreichen Weinen, Likören und Schnäpsen und ging nach London, um seine erste Fabrik für alkoholfreie Getränke zu bauen. Seit 1783 ist Tonic Water ein Begriff, doch auch beinahe seit diesem Zeitpunkt werden Schweppes Limonaden und Mineralwässer mit alkoholischen Getränken gemischt. Am bekanntesten wurde Gin-Tonic, doch auch dieses Peppermint-Tonic aus Kanadas Norden schmeckt ausgezeichnet.

4 kleine Eiswürfel, 100 g Brombeeren,
1 Spritzer Zitronensaft, 2 cl Pfefferminzlikör,
Tonic Water zum Auffüllen.
***Für die Garnierung:** 1 Zweig Minze*

Eiswürfel in ein Longdrinkglas legen, gut gewaschene Brombeeren darüberschichten, Zitronensaft und Pfefferminzlikör zugießen und mit eiskaltem Tonic Water auffüllen. Minzzweig einlegen und mit Trinkhalm und Obstgabel servieren. Schmeckt an heißen Tagen rund um die Uhr.

TONIC WAT

Piña Colada

Tropical Longdrink aus Puerto Rico

Wer einmal im karibischen Raum Piña Colada getrunken hat und den Genuß in europäischen Bars wiederholen möchte, ist zumeist tief enttäuscht. Das Getränk verliert mit der Entfernung an Reiz und Originalität. Viel zu viel ist bereits an den Colada-Rezepten herumexperimentiert worden. Und mit dem Schabeis hat ohnedies jeder Schwierigkeiten: Wer besitzt hier schon noch einen Eisblock und die Geduld, das Eis in feinen Spänen abzuschaben?

Trotz dieses Originalrezeptes aus Puerto Rico bleibt die so heiß geliebte Piña in Europa immer nur ein annähernd gutes Getränk. Das liegt nicht nur am Eis, sondern auch an der Coconut Cream, die nicht ganz dem Original entspricht.

Gestoßenes (geschabtes) Eis, 5 cl weißer Rum, 5 cl Ananassaft, 2 cl süße Sahne, 2 cl Coconut Cream

Ein Teil des Eises in den Shaker füllen, Rum, Ananassaft, Sahne und Coconut Cream zugießen, gut durchschütteln und die Mischung in ein Longdrinkglas geben, das zuvor zu einem Drittel mit Schabeis gefüllt wurde. Sofort mit 1–2 Trinkhalmen servieren. Piña Colada trinkt man nachmittags und abends.

Pineapple Lemon Punch

Kalter Ananaspunsch aus Panama

Eine Woche vor Aschermittwoch beginnt der Karneval in Panama City. Hier hat sich das Fest der Lebensfreude noch nicht wie in Rio zum bloßen Schauspiel entwickelt. In Panama heißt die Devise: mitmachen, mitfeiern, nachts unter den Sternen tanzen und den rauchigen Stimmen der mischblütigen Schönen oder dem suggestiven Rhythmus der Rasseln und Trommeln lauschen.

Die Glut eines panamaischen Karnevals löscht man am besten mit einem eiskalten Punsch. Um dieses Rezept zu versuchen, muß man jedoch nicht nach Panama reisen. Es schmeckt auch in unseren Breiten an einem heißen Sommertag – bei einem Gartenfest – ganz vorzüglich.

Für 4 Portionen:
1 Liter Ananassaft, 1/2 Liter Rum, 6 EL Zuckersirup, Saft von 4 Limetten, 2 Vanilleschoten, 1 Orange, 1 Mango, 1 Banane, 4 Scheiben Ananas.
Für die Garnierung: *(Hibiskus-)Blüten*

Ananassaft, Rum, Zuckersirup und Limettensaft mischen und die Vanilleschoten einlegen. Alle Früchte schälen, entkernen, in kleine Stücke schneiden, in die Saft-Rum-Mischung legen und einige Stunden in den Kühlschrank stellen. Vanilleschoten entfernen, Obst und Saftmischung sehr kalt in Longdrinkgläser füllen und mit Blüten garnieren.

Den Punsch – an heißen Abenden – mit Trinkhalm und einer kleinen Obstgabel servieren.

Pink Delice

Fancy Drink aus Kanada

British Columbia erhebt Anspruch auf das Originalrezept für diesen erfrischenden Longdrink, denn „nur Himbeeren, die Gletscherluft und Pazifikluft gleichzeitig geatmet haben“, entwickeln das nötige unvergleichliche und unverzichtbare Aroma. Lassen Sie sich nicht entmutigen, auch einheimische Himbeeren haben ein köstliches Aroma. Allerdings müssen sie pflückfrisch sein. Auch beim Himbeersirup darf man nur die beste Qualität verwenden.

Eiswürfel, 8–10 frische Himbeeren,
1 cl Himbeersirup, 2 cl Himbeergeist,
2 dashes Orange Bitter,
Sekt zum Auffüllen.
***Für die Garnierung:** 1 Orangenscheibe,*
2–3 Himbeeren

Eiswürfel in einen Tumbler legen und die Himbeeren darüberschichten. Himbeersirup, Himbeergeist und Orange Bitter zugeben und gut, aber vorsichtig durchrühren. Mit eisgekühltem Sekt auffüllen. Orangenscheibe einschneiden, an den Glasrand klemmen und die Himbeeren mit einem Cocktailspießchen daran feststecken. Nachmittags und abends servieren.

Pinol spezial

Kakaogetränk aus Nicaragua

Nach dem einfachsten Rezept dieses Nationalgetränkes kocht man Kakao mit Milch und Zucker auf und schlägt dann die Mischung mit dem Schneebesen, bis sie schaumig wird. Pinol spezial wurde einem mexikanischen Liebestrank nachempfunden, der eng an eine Legende gebunden ist: Das zauberhafte Mädchen Vanila liebte den schönen Jüngling Chocolatl, doch ein böser Zauberer zerstörte das wunschlose Glück. Er verwandelte Vanila und Chocolatl in Pflanzen, Vanila in eine kleine Orchidee und Chocolatl in einen Baum, damit sie fortan einander fremd waren. Doch Vanila streckte ihre Arme aus und klammerte sich an Chocolatl und rankte an dem Baum empor, so daß sich ihre Blätter in alle Ewigkeiten vereinen.

Für 2 Portionen:
1 Vanilleschote, 1/2 Liter Milch, 2 EL Kakao, 1/8 Liter Wasser, 1 EL Honig, 2 EL Zucker, 1 Messerspitze Cayennepfeffer, 1 Prise Salz

Vanilleschote in Milch einlegen, kurz aufkochen und 10 Minuten ziehen lassen. Die Schote herausnehmen, halbieren und das Mark ausschaben. Vanillemark mit Kakao und Wasser verrühren und mit dem Schneebesen in die heiße Milch einarbeiten. Honig und Zucker, etwas später Cayennepfeffer und Salz beifügen und das Getränk schaumig schlagen. Pinol heiß in feuerfeste Gläser einfüllen und sofort als Before-Dinner-Drink servieren.

Nach mexikanischer Sitte serviert man dazu ein Gläschen Rum, das bei Tisch in das heiße Getränk gegossen wird.

Pisco Sour

Pisco-Longdrink aus Peru

Pisco, der in nachgeformten, altperuanischen Gefäßen angeboten wird, ist ein Branntwein aus Muskatellertrauben, die im Ica-Tal, nahe der Hafenstadt Pisco, am Pazifischen Ozean wachsen. Das Destillat wird in porösen Tongefäßen gelagert, wo es hell und klar bleibt und von denen es nach der Reife in die originellen Gefäße umgefüllt wird.

Pisco Sour entstammt einem Originalrezept aus Pisco Pueblo: In den alten, im Kolonialstil gebauten Häusern, mit den schönen Patios, unter prächtigen Bäumen, wird er als erfrischendes „Herrengetränk“ getrunken.

Obwohl Pisco auch in Chile und Argentinien hergestellt wird, kommt der Original-Pisco aus Peru.

Eiswürfel, 3 cl Pisco,
2 cl frisch gepreßter Orangensaft,
2 cl Zitronensaft, 1 TL Ananassaft.
***Für die Garnierung:** 1 Zitronenscheibe und*
1 Orangenscheibe

Eiswürfel in den Shaker füllen, Pisco, Orangensaft, Zitronensaft und Ananassaft hinzufügen, schütteln, bis sich der Shaker mit einer feinen Eisschicht überzieht, dann die Mischung durch einen Strainer in einen kleinen Tumbler abseihen. Mit Zitronen- und Orangenscheibe garnieren.

Pisco Sour kann als Aperitif, jedoch auch rund um die Uhr angeboten werden.

Planters Punch

Kalter Rumpunsch aus Jamaika

Kill devil hieß der Rum in früheren Zeiten. Das Getränk, das selbst den „Teufel tötet", ist seit mehr als dreihundert Jahren mit der Seefahrt aufs innigste verknüpft. Seebären und Piraten, Schmuggler und Sklavenhändler tranken das Zuckerrohrdestillat aus Jamaika mit wahrer Leidenschaft, allen voran die Seeleute Ihrer Britischen Majestät, die es 1655, bei der Eroberung Jamaikas, als beste aller Kriegsbeuten priesen. Das Jahr 1655 galt in der Royal Navy als Wendepunkt. An Stelle der täglichen Gallone Bier gab es mit der Zeit auf allen Schiffen täglich ein Pint (etwa 1/2 Liter) Rum. Wurde der Rum auch später mit Wasser verdünnt und nahmen die Rationen ab, so hielt sich diese Sitte doch bis 1970. Planters Punch ist eher ein Getränk für Landratten: Er krönt Gartenpartys auch dann, wenn man ihn nicht unter Palmen, sondern unter Kastanienbäumen trinkt.

Feinzerstoßenes Eis, 6 cl brauner Rum, 3 cl Limettensaft, 1 cl Grenadinesirup, 6 cl Orangensaft, 1 TL Zuckersirup.
Für die Garnierung: *1 Orangenscheibe, 1 Ananasscheibe, 1 Maraschinokirsche*

Reichlich Eis in einen großen Tumbler geben, Rum, Limettensaft, Grenadinesirup, Orangensaft und Zuckersirup hinzufügen und gut verrühren. Obst auf einen Cocktailspieß stekken und den Punch damit garnieren. Mit Trinkhalm spätnachmittags oder abends servieren.

Pompier Highball

Curaçao-Longdrink aus den USA

Die natürlichste Erklärung für den Namen Highball wäre, daß man ihn nach den sprudelnden Bläschen, die in seinem Glas aufsteigen, benannt hat. Die verbreitetste und wohl auch die legendärste Geschichte ist an die frühen amerikanischen Eisenbahnen geknüpft. Dort habe man, heißt es, um den Lokomotivführern eine Verspätung anzuzeigen, Signalkugeln auf einen Pfahl gesetzt. Eine Kugel bedeutete „Eile“, zwei Kugeln „große Eile“. Später hätte man dann die schnell zuzubereitenden Sodas nach diesen Signalbällen benannt. Ob nun die Trinker so sehr in Eile waren oder die Barmixer, blieb dabei ungeklärt.

Eiswürfel, 3 cl Curaçao Triple Sec, 2 cl Crème de Cassis, 1 (ungespritzte) Zitronenschale, Sodawasser zum Auffüllen

Eiswürfel in ein Mixglas füllen, Curaçao und Crème de Cassis zugießen und mit einem Barlöffel gut umrühren. Eine zur Spirale geschnittene Zitronenschale in einen großen Tumbler einlegen, die Mischung aus dem Mixglas durch den Strainer darüberseihen und mit Sodawasser auffüllen. Mit einem Trinkhalm servieren. Pompier Highball ist ein Drink für nachmittags oder abends.

Ponche de Leche

Milchpunsch aus Mexiko

Fiestas sind aus dem Alltag der Mexikaner nicht wegzudenken. Feuerwerke brechen aus wie Vulkane, Trommeln dröhnen, *charros,* die mexikanischen Reiter in ihrer herrlichen Tracht, zeigen ihre Kunststücke mit dem Lasso, die Märkte sind bunt, farbig, laut, und die Lebensfreude strömt über. In versteckten Lokalen spielen *mariachi*-Kapellen ihre Lieder voll von spanischen Melodien und indianischer Melancholie. Über glimmenden Holzkohlenfeuern dampft an kühlen Abenden in den hochgelegenen Ortschaften der Ponche de Leche. „Glut", schrieb Mexikos beliebtester Dichter José Alfredo Jiménez, „kann nur durch Glut gestillt werden."

1 TL Zucker, 5 cl Rum, 1 cl Cognac,
1 cl Grand Marnier, 10 cl heiße Milch.
***Für die Garnierung:** 1 Zimtstange*

Zucker und Rum auf kleiner Flamme erwärmen. Cognac und Grand Marnier hinzufügen und bis kurz vor dem Siedepunkt erhitzen. Die heiße Mischung in ein Punschglas gießen und mit der heißen Milch auffüllen. Eine Zimtstange etwas einkerben, am Glasrand feststecken und den Punch sehr heiß servieren. Ein Getränk für kalte Abende.

Portwein-Cobbler

Portwein-Longdrink aus Portugal

Cobbler bedeutet laut Wörterbuch Flickschuster, Pfuscher, Stümper. Kein besonders guter Name also für ein Getränk. In welcher Laune mag er wohl erfunden worden sein?
Geht man jedoch den Ursprüngen nach, entdeckt man, daß tatsächlich ein ernsthafter Sinn dahintersteckt. Der Namensgeber dachte an den Schuhflicker bester Art, der mit großer Geduld seine Flicken in den Schuh einpaßt. Ähnlich soll es mit dem Obst beim Cobbler geschehen. Man legt es nicht nur irgendwie ins Glas, sondern man garniert es zu einem kleinen Kunstwerk. Am Ende soll die Obstschicht wie ein schönes, gleichmäßig gelegtes Mosaik aussehen.

Gestoßenes Eis, 2 cl weißer Curaçao, 2 cl Kirschwasser, 2 cl Grenadinesirup, Portwein zum Auffüllen.
Für die Obsteinlage: *Bananenscheiben, Kirschen, Mandarinenscheiben*

Ein Cobblerglas zur Hälfte mit gestoßenem Eis füllen, Curaçao, Kirschwasser und Grenadinesirup eingießen und gut verrühren. Das Obst einlegen und das Glas mit Portwein auffüllen. Mit Trinkhalm und kleiner Obstgabel abends servieren.

WINST
RUBY P
WINS
POR
FLAGMAN LTD
OPORTO · P

Portwein-Flip

Portwein-Longdrink aus Portugal

Portugals erster Minister Marqués de Pombal legte 1756 für den Portwein das strengste Weingesetz der Welt vor. Das abgegrenzte Anbaugebiet im oberen Dourotal ist nur etwa 24 000 Hektar groß. Auf kleinen, schmalen Terrassen an steilen Schieferhängen bohren die Rebstöcke ihre Wurzeln bis zu zwölf Meter tief in den Boden. Es ist ein karger, trockener Boden, der tagsüber die Sonnenhitze speichert, die er nachts an die Reben abgibt. An den steilen Hängen ist keine maschinelle Bearbeitung möglich. Die Trauben aus dem Dourotal sind handverlesen und werden auf ihrem Weg zum fertigen Wein wie Kostbarkeiten auf ihre gesetzmäßige Echtheit überprüft, ehe jede Flasche ein numeriertes Staatssiegel erhält.

Eiswürfel, 1 Eigelb, 1 TL Zuckersirup, 4 cl roter Portwein.
Für die Garnierung: *geriebene Muskatnuß*

Eiswürfel in den Shaker füllen, Eigelb, Zuckersirup und Portwein zugeben, gut durchschütteln und die Mischung durch den Strainer in ein Flipglas oder in einen Sektkelch abseihen. Mit etwas abgeriebener Muskatnuß aromatisieren und mit Trinkhalm servieren. Portwein-Flip ist ein After-Dinner-Drink.

Pousse-Café Rainbow

Likörgetränk aus Frankreich

Mit Kaffee haben die malerischen Drinks, die in Deutschland und in der Schweiz Couleurs heißen, nichts zu tun, sehr viel mehr aber mit den Pariser Cafés aus der Belle Epoque. Pousse-Café ging aus einer Wette hervor. Ein Amerikaner wettete mit einem Pariser Barmixer, daß er nicht in der Lage wäre, mehrere Liköre so übereinanderzugießen, daß sie sich nicht mischen würden. Der Franzose nahm die Wette an und ließ verschiedene Liköre über die Wölbung eines Löffels vorsichtig ins Glas rinnen, und siehe da: Das Mirakel geschah, und die Liköre bildeten einen Regenbogen im Glas.

Das Wunder läßt sich jedoch chemisch begründen: sehr zuckerreiche und alkoholarme Liköre sind am schwersten. Erwischt man die richtigen Ingredienzen in der richtigen Reihenfolge, kann der Drink gelingen.

1 cl Grenadinesirup, 1 cl Crème de Menthe, 1 cl Chartreuse gelb, 1 cl Cognac

Alle Zutaten nacheinander über die Wölbung eines kleinen Löffels in ein Pousse-Café-Glas einfließen lassen. Mit einem Trinkhalm servieren. Auch beim Trinken achte man darauf, daß sich die einzelnen Liköre nicht vermengen. Man saugt Schicht für Schicht ab. Als After-Dinner-Drink servieren.

Prairie Oyster

Fancy Drink aus den USA

Solang man nüchtern ist,
Gefällt das Schlechte,
Wie man getrunken hat,
Weiß man das Rechte.

So wußte es schon Goethe im „Westöstlichen Diwan“ zu dichten. Der Vierzeiler paßt genau als Vorspann für die Prairie Oyster: Sie ist das Ernüchterungsgetränk für den Zeitpunkt der Reue nach einer langen Nacht, wenn die Floskel „nie wieder Alkohol“ leicht über die Lippen geht.

Die Oyster hat mit einer Auster nichts zu tun. Man trinkt sie auch nicht langsam und mit Genuß, man kippt sie mit einem Schluck hinunter. Sie ähnelt einer Medizin.

1/2 TL Olivenöl, 3 TL Tomatenketchup, 2 TL Worcestershiresauce, 1 Spritzer Zitronensaft, 1 Eigelb, etwas Salz, Pfeffer, eine Spur Paprikapulver

Das Öl über die Innenwände eines Cocktailglases fließen lassen und alle Zutaten nacheinander in das Glas geben. Dabei achte man besonders darauf, daß das Eigelb heil bleibt und nicht zerfließt.

Die Zutaten nicht verrühren. Die Prairie Oyster wird ohne Eis serviert, man kann das gefüllte Cocktailglas jedoch kurze Zeit in den Kühlschrank stellen, ehe man es serviert.

Rio Mocha

Schokoladegetränk aus Spanien

Eine indianische Prinzessin servierte dem Spanier Hernando Cortez die erste Tasse *choko-l-atl*. Der aztekische Göttertrank aus Kakaobohnen und scharfen Gewürzen schmeckte dem Mann aus der Estremadura durchaus nicht bitter. Man hatte ihm nach der gewonnenen Schlacht von Tabasco zwanzig Mädchen zum Präsent gemacht, darunter auch Malinche, die Tochter eines großen Kaziken. Sie war klug und sprachgewandt, schön und hingebungsvoll. Malinche gebar Cortez einen Sohn, und die Spanier nannten sie Donna Martina. Ihr *choko-l-atl* verwandelten sie jedoch bald in ein weniger scharfes, süßwürziges Getränk.

Für 4 Portionen:
100 g dunkle Schokolade, 3 EL Zucker, 3 TL Pulverkaffee, 1/2 TL Zimt, 1 Prise Muskatnuß, 1 Prise Salz, 1 dl Wasser, 3/4 Liter Milch.
Für die Garnierung: *1 dl geschlagene süße Sahne, 2 EL feingehacktes Orangeat, 4 Zimtstangen*

Schokolade in einer beschichteten Pfanne erhitzen, Zucker, Pulverkaffee, Zimt, Muskatnuß, Salz und Wasser zugeben und unter ständigem Rühren 2–3 Minuten kochen lassen. Milch langsam einfließen lassen und erhitzen. Mit dem Schneebesen schaumig schlagen. Das Getränk in vier hohe, hitzefeste Gläser füllen und mit geschlagener Sahne und feingehacktem Orangeat garnieren. Je eine Zimtstange in die Sahne stecken. Sie dient nicht nur zur Dekoration, sondern auch zum Umrühren. Rio Mocha trinkt man nachmittags.

Rosenscherbett

Eisgetränk aus der UdSSR

Die Heimat dieses phantasievollen Getränkes, das leichter und dünner als ein herkömmliches Sorbet ist, liegt in Aserbaidschan. Hier hat man Rosensirup immer vorrätig. Um ihn herzustellen, legt man an sonnigen Tagen gesammelte Rosenblätter etwa 1/2 cm dick in ein Glasgefäß, bedeckt die Blätter gut mit Puderzucker und läßt sie dann 10 Tage hinter einem geschlossenen Fenster in der Sonne stehen. Der abgesonderte Saft wird vorsichtig durch ein Tuch geseiht, in ein Fläschchen gefüllt, gut verschlossen und bleibt so bis zu einem Jahr haltbar.

50 g Rosenblätter, 3 Stück Würfelzucker, 2 Tropfen Rosensirup, 1/2 TL Zitronensaft

Rosenblätter gut waschen, in eine emaillierte Kasserolle legen und mit kaltem Wasser bedecken. Gut zudecken und bei kleiner Flamme langsam erhitzen. Sobald das Wasser zu kochen beginnt, vom Feuer nehmen und in der geschlossenen Kasserolle abkühlen lassen. Nun seiht man die Flüssigkeit vorsichtig durch ein Tuch in eine zweite Kasserolle ab, gibt den Zucker zu und erhitzt das Rosenwasser, bis sich der Zucker aufgelöst hat. Erneut bei geschlossenem Deckel abkühlen lassen. Das abgekühlte Rosenwasser mit Rosensirup und Zitronensaft vermischen, in ein kältebeständiges Glas gießen, in das Eiswürfelfach des Kühlschranks stellen und leicht anziehen lassen. Ein erfrischendes Getränk für heiße Tage, das man rund um die Uhr genießen kann.

Royal Bengal Tiger Tea

Cognac-Tee aus Indien

Dieser Tee ist ein Erbe des Empire. Er wurde von britischen Kolonialoffizieren in Darjeeling kreiert. Der Guard in der winzigen Schmalspurbahn, die seit 1881 aus der Ebene Nordbengalens in die Vorberge des Himalaja fährt, erinnert sich noch an die Sahibs, die den im Saloncoupé gereichten Tee nach eigenem Ermessen mit Cognac verlängerten. Je höher die in Schottland gebaute Bahn kletterte, desto mehr Weinbrand floß in den Tee. Die Tatsache, daß das äußere Gleis der Bahn höher gelegt wurde, um sie im Falle einer Entgleisung bergwärts in die Kurve stürzen zu lassen, scheint nicht viel zur Beruhigung beigetragen zu haben. Der Cognacanteil im Tee stieg im selben Maß, wie die Bahn anstieg, bis mit Darjeeling der Sommersitz der britischen Kolonialverwaltung von Bengalen erreicht war.

1 TL Zitronensaft, 1 TL Zuckersirup,
4 cl Cognac, Eiswürfel,
starker schwarzer Tee.
***Für die Garnierung:** 1 Zitronenscheibe*

Zitronensaft, Zuckersirup und Cognac in einem Mixglas mischen. Die Mischung in einen großen, zur Hälfte mit Eis gefüllten Tumbler gießen und mit eiskaltem Tee auffüllen. Mit einer Zitronenscheibe garnieren und mit Trinkhalm nachmittags oder auch am Abend servieren.

Sangria

Früchtebowle aus Spanien

Spaniens heißgeliebte Sangria ist beinahe ein historisches Getränk: Als phönizische Händler sich in Spanien festsetzten, hatten sie Wein im Gepäck. Als der einäugige Tarik mit seinen Heerscharen das Land eroberte, brachten die Mauren das Zuckerrohr und den Zitronenbaum mit. Als Kolumbus seine zweite Amerikareise vorbereitete, nahm er Zuckerrohr aus Madeira mit, aus dem später Rum gewonnen wurde, den man wieder nach Spanien exportierte. Nur die Orangen kamen etwas später dazu, doch auch sie wurden erstmals in Europa, 1792, auf einer spanischen Plantage in Carcagete bei Valencia gezüchtet. Damit war alles für die Sangria beisammen, die heute so viele Spanientouristen zuerst erfrischt und dann erhitzt.

Für 4–6 Portionen:

2 Orangen, 1 Zitrone, 1–2 Birnen, 2 Pfirsiche, 100 g Kirschen, 1 Liter herber Rotwein, 1/2 Zimtstange, 1/2 abgeriebene Orangenschale, 1/2 abgeriebene Zitronenschale, 1 TL Zucker, 1/8 Liter Cognac, 1/4 Liter Sodawasser, Eiswürfel

Früchte schälen, in Stücke schneiden, mit den entkernten Kirschen in einen Krug legen und mit Rotwein übergießen. Zimtstange, Orangen- und Zitronenschale zugeben und eine Stunde ruhen lassen. Anschließend nach Bedarf zuckern, Cognac zugießen, mit eiskaltem Sodawasser aufspritzen, Eiswürfel einlegen und nachmittags oder abends kalt servieren.

Saratoga Cooler

Ginger Ale Longdrink aus den USA

Coolers zählen zu den erfrischenden Longdrinks und sind mit den Fizzes entfernt verwandt, auch wenn hier an Stelle des Sodawassers Ginger Ale Verwendung findet.

In Saratoga hätten die Briten tatsächlich einst ein Schlückchen zur Abkühlung der Gemüter trinken können. In dem Dörfchen im Staate New York, das in die Geschichte einging, geschah die entscheidende Wendung im amerikanischen Unabhängigkeitskrieg. Hier ergab sich 1777 der britische General J. Burgoyne den Amerikanern und leitete damit die britische Kapitulation von 1781 ein.

Ginger Ale, die auf Ingwer-Basis hergestellte, mit Kohlensäure versetzte Limonade, gab es in den Tagen von Saratoga noch nicht. Doch kann man den patriotischen Stolz jenes amerikanischen Barmixers verstehen, der diesem Cooler den gewichtigen Namen gab.

Eiswürfel, 2 cl Gin, 2 cl Vermouth trocken, 2 Barlöffel Grenadinesirup, 2 Barlöffel Zitronensaft, Ginger Ale zum Auffüllen

Eiswürfel in den Shaker füllen, Gin, Vermouth, Grenadinesirup und Zitronensaft zugießen und kräftig schütteln. Das Gemisch durch den Strainer in einen Tumbler abseihen und mit eiskaltem Ginger Ale auffüllen.

Saratoga Cooler serviert man nachmittags oder abends.

Sbiten

Honiggetränk aus der UdSSR

Uralt sind die russischen Honiggetränke. Bienen und Honig spielen eine große Rolle in russischen Mythen, Sagen und Märchen. Bereits im Mittelalter belieferte Rußland weite Teile Europas mit dem wertvollen Bienenhonig aus seinen Wäldern. Damals schon trank man Sbiten an Stelle von Tee, aber auch als Tafelgetränk. Heute trinkt man es mit besonderer Vorliebe an eiskalten Wintertagen.

Für 4 Portionen:
120 g Honig, 1 1/2 Liter Wasser, 80 g Zucker, 3 Gewürznelken, 5 schwarze Pfefferkörner, 1 Messerspitze Ingwerpuler, 1 TL Zimt, 2 TL getrocknete Minze

Honig und 1/4 Liter Wasser kurz aufkochen lassen und den Schaum entfernen. Zucker ebenfalls mit 1/4 Liter Wasser aufkochen, mit dem Honigwasser mischen und auf kleiner Flamme so lange kochen, bis das Wasser weitgehend reduziert ist. In 1 Liter Wasser kocht man nun die Gewürze 15 Minuten im geschlossenen Topf, läßt sie noch weitere 10 Minuten ziehen und gießt dann die Gewürzflüssigkeit durch ein feines Sieb in die Honig-Zucker-Mischung. Alles zusammen noch einmal kurz erhitzen und sehr heiß servieren.

Sherry Sangaree

Sherry-Longdrink aus Spanien

Mit unnachahmlicher Grandezza und unter Zuhilfenahme der *venencia,* eines langen Schöpfstabs mit silbernem Becher, schenken die Kellermeister im spanischen Jerez de la Frontera den Sherry in die *copitas* genannten tulpenförmigen Gläser. Etwa einen Meter sollte der edle Wein aus Andalusien frei durch die Luft fließen, ehe er im Glas seine besondere Blume entwickeln kann. Man braucht dazu „zehn Jahre Übung, die Strategie eines Generalstäblers und die Kühnheit eines Artisten“, behauptet Spanienkenner James A. Michener. Wer es probiert, wird ihm zustimmen. Am besten kommt man einmal zur Fiesta de la Vendimia nach Jerez. Die Weinlese findet jedes Jahr am 8. September statt und ist eines der buntesten spanischen Volksfeste.

Feingestoßenes Eis, 6 cl Sherry trocken (Fino), 1 TL Zuckersirup, Eiswasser zum Auffüllen.
Für die Garnierung: *etwas abgeriebene Muskatnuß*

Einen großen Tumbler bis zu einem Viertel mit gestoßenem Eis füllen, Sherry und Zuckersirup eingießen und gut verrühren. Tumbler mit eisgekühltem Wasser auffüllen. Etwas Muskatnuß darüberreiben und mit einem Trinkhalm an heißen Tagen, nachmittags oder abends, servieren.

Sidecar

Cognac-Cocktail aus Frankreich

Um die Entstehung dieses Cocktails ranken sich viele Geschichtchen: Einmal verdankt er seinen Namen einem genußfreudigen Pariser Lebenskünstler, der sich im Beiwagen von Bar zu Bar kutschieren ließ. Eine andere Geschichte berichtet davon, daß er für eine Dame kreiert wurde, die in ihrer Rolle als Beiwagenfahrerin Berühmtheit erlangte. Ihres eifersüchtigen Ehemannes wegen wollte sie gerne inkognito bleiben. Sie blieb es – das steht fest – bis heute. Es wäre ihr jedoch zu wünschen, ihr Kavalier hätte sich, um der Bequemlichkeit und des Fortschritts willen, ein Auto gekauft. Keine Dame wird auf Dauer mit dem Wissen glücklich sein, man habe einen Cocktail nach ihr „Beiwagen“ getauft.

Eiswürfel, 2 cl Cognac, 2 cl Curaçao Triple Sec, 2 cl Zitronensaft

Eiswürfel in den Shaker füllen, Cognac, Curaçao und Zitronensaft zugießen, kurz, aber kräftig schütteln und das Getränk durch den Strainer in ein Cocktailglas abseihen. Man kann dazu auch ein Kelchglas oder eine Cocktailschale nehmen. Der Sidecar ist ein After-Dinner-Cocktail.

Singapore Sling

Gin-Longdrink aus Singapur

Singapur ist in allen Bereichen von Jahr zu Jahr moderner geworden. Doch Raffles Hotel, gebaut 1886, blieb *very British.* In der *Grand Old Lady of the East* waren die Erzähler Joseph Conrad, Somerset Maugham, Rudyard Kipling und auch Noël Coward zu Gast. Sie saßen in der Writer's Bar, die es noch heute gibt, und tranken Singapore Sling auf der Basis des heimatlichen Gin.

Längst war der Gin, ein Enkel des holländischen Genever, durch einen eigenen *Gin Act* im britischen Parlament zu einem noblen Getränk hochstilisiert worden. Wer etwas auf sich hielt, trank ihn, und wer sich als Held des *high life* ausweisen wollte, trank die neue Mischung des Barkeepers Ngiam Tong Boon aus Raffles Hotel.

Feinzerkleinertes Eis, Saft von 1/2 Limette, 4 cl Gin, 2 cl Cherry Brandy, 1 dash Angostura, Sodawasser.
Für die Garnierung: *1 Orangenscheibe, 2 Cocktailkirschen*

Einen großen Tumbler bis zur Hälfte mit zerkleinertem Eis füllen, den Saft der halben Limette darübergießen, Gin, Cherry Brandy und Angostura hinzufügen und gut umrühren. Mit etwas Sodawasser auffüllen, die halbierte Orangenscheibe und die Kirschen auf ein Cocktailspießchen stecken und das Getränk damit garnieren.

Mit einem Trinkhalm vor oder nach dem Essen servieren.

Strawberry Daiquiri

Tropical Cocktail aus Kuba

Rum, Limettensaft und Zucker sind die klassischen Zutaten des Daiquiri, wie er im Havanna des beginnenden 20. Jahrhunderts erfunden wurde. Später kamen noch viele Geschmacks- und Aromastoffe dazu, doch die drei Grundbestandteile bleiben immer die gleichen, ob es sich nun um Bananen-, Ananas-, Pfirsich-, Orangen- oder Minze-Daiquiri handelt. Im Mai oder Juni, zur Haupterntezeit der europäischen Freilanderdbeeren, mundet der Erdbeer-Daiquiri am besten.

2 EL vollreife Erdbeeren, gestoßenes Eis,
1 TL Limettensaft, 2 Barlöffel Zucker,
5 cl weißer Rum

Erdbeeren, Eis, Limettensaft, Zucker und Rum im Elektromixer mischen und in eine große Cocktailschale abseihen. Schmeckt besonders nachmittags oder am Abend.

Tequila Puerto Vallarta

Tequila-Longdrink aus Mexiko

Als Hollywood die mexikanische Mismaloya Bucht an der Pazifikküste entdeckte, war es um die Ruhe des verträumten Fischerdorfes geschehen. Die Filmstadt schickte die schönen und die wilden Stars Liz Taylor, Richard Burton und Marlon Brando in die postkartenschöne Einsamkeit, um den Film „Die Nacht der Leguane“ zu drehen. Schauspieler und Künstler arbeiteten, feierten und tranken sich durch die tropischen Nächte. Sie veränderten das bescheidene Dorf und zwangen ihm ihren Lebensrhythmus auf. Angeblich im Hause Marlon Brandos wurde dieser Tequila-Longdrink erfunden, am selben Tag, an dem man die wunderschöne Playa de los Muertos den Stars zuliebe in Playa Delicias, den „Strand der Wonnen“, umtaufte.

Gestoßenes Eis, 4 cl Tequila,
1/2 TL Limettensaft, 1 cl Grenadine,
5 cl frisch gepreßter Orangensaft.
***Für die Garnierung:** 1 Limettenscheibe*

Einen großen Tumbler zu einem Drittel mit Eis füllen. Tequila, Limettensaft und Grenadine zugießen. Etwa eine Minute stehen lassen und anschließend mit Orangensaft auffüllen. Vorsichtig umrühren und mit einer Limettenscheibe garniert als Before- oder After-Dinner-Drink servieren.

Thé à la Menthe

Pfefferminztee aus Marokko

Natürlich kann man Pfefferminztee auch aus ganz gewöhnlichen Tassen trinken. Wieviel edler wird dieses Getränk aber, wenn man es aus einer schön gehämmerten Kanne in kleine Gläser gießt. Man muß es nicht in hohem Bogen tun, wenn man das marokkanische Ritual nicht beherrscht, doch gilt es als unelegant, wenn man das Glas zu nahe an den Schnabel der Kanne bringt.

Thé à la Menthe muß kochendheiß sein, wenn man ihn serviert. Dem Landesbrauch zufolge muß man ihn auch kochendheiß trinken.

Für 4–6 Portionen:
2–3 Minzzweige, 2 TL grüner Tee,
4 TL Zucker, Pinienkerne

Minzzweige in die Kanne geben und mit etwas kochendem Wasser übergießen. Kurz ziehen lassen und die Minze entfernen. Grünen Tee und für 4–6 Gläser kochendes Wasser zugeben und fünf Minuten ziehen lassen. Nach Geschmack süßen. In die Teegläser oder Teetassen einige Pinienkerne legen und den Tee sehr heiß darübergießen. Thé à la Menthe kann man zu jeder beliebigen Tageszeit genießen.

Tom Collins

Gin-Longdrink aus England

Collinses werden nicht im Shaker geschüttelt, sondern unmittelbar im Glas zubereitet. Am Zitronensaft, den sie reichlich enthalten, hätte Englands berühmter Weltumsegler James Cook seine Freude gehabt. Er schrieb 1776 ein Büchlein über die „Erhaltung der Gesundheit auf langen Seereisen“ und erhielt für sein „Lob der Zitrone“ die Goldmedaille der wissenschaftlichen Royal Society. Als nützliche Folge von Cooks Bemühungen um die Gesundheit der Seeleute bekam ab 1795 jeder britische Seemann auf Befehl der Admiralität eine Tagesration Zitronensaft. Die Matrosen erhielten damals ihren Spitznamen *limeys*, der sich teilweise bis heute erhalten hat.

4 feingestoßene Eiswürfel,
Saft von 1/2 Zitrone, 1 Barlöffel Zuckersirup,
5 cl Dry Gin, Sodawasser zum Auffüllen.
***Für die Garnierung:** 1 Zitronenscheibe*

Eis, Zitronensaft, Zuckersirup und Gin in einem großen Tumbler verrühren. Mit Sodawasser auffüllen, mit einer Zitronenscheibe garnieren und mit einem Trinkhalm servieren.

Veilchenbowle

Blütenbowle aus Deutschland

Die Bowle aus frischen Veilchen muß im März oder April zubereitet werden, wenn sich die violetten Blüten in der ersten Frühlingssonne öffnen.
Veilchen waren übrigens die Lieblingsblüten Napoleon Bonapartes und seiner Gemahlin Josephine Beauharnais. Die nicht sehr treue und auch nicht sehr unschuldige Josephine liebte die „Blüten der Unschuld" als Blumen, Parfum, Zuckerdessert, Sirup und Getränk. Auf einem ihrer rauschenden Feste warf sie Veilchensträußchen in den Wein und legte damit die Grundlage für eine Veilchenbowle, die jedoch erst später in der Pfalz erstmals vollendet zubereitet wurde.

Für 6 Portionen:
1 großes Weinglas (20 cl)
voll Veilchenblüten (ohne Stiele),
Saft von 2 Orangen,
2 Flaschen herber Weißwein,
100 g Zucker, 1 Flasche Sekt

Frische Veilchenblüten gut waschen, trokkentupfen, in eine Glasschüssel legen, mit Orangensaft und einer Flasche Wein übergießen. 3 Stunden zugedeckt ziehen lassen. Anschließend durch ein Sieb gießen, mit in etwas Wasser aufgelöstem Zucker vermischen, in eine Bowlenschüssel füllen, die zweite Flasche Wein zugießen, eine Stunde kaltstellen und unmittelbar vor dem Servieren den sehr kalten Sekt zugeben. Zur Garnierung kann man ein paar Veilchenblüten einstreuen. Ein beliebtes Getränk bei Gartenpartys.

Waltzing Matilda

Sherry-Cocktail aus Australien

Die fröhlichen Bewohner des fünften Kontinents nannten diesen Cocktail nach ihrem Lieblingslied. „Waltzing Matilda" war die Melodie der *squatters*, der illegalen Siedler, der *bushrangers* und Tramps.

Viele der frühen Schaf- und Rinderzüchter kamen durch *squatting*, das heißt durch illegale Landnahme, zu ihrem Besitz. Später nannte man ihre Gemeinschaft eine Spur ironisch *squattocracy*. Gewiß, sie lebten in Fehde mit den *bushrangers*, die Australien zur Szenerie des Wilden Westens erhoben, und waren den Tramps gegenüber mißtrauisch, doch im Rückblick bekam das unbändig freie Leben dieser Außenseiter eine romantische Note. Zur Erinnerung an die alten, bewegten Zeiten wurde der Waltzing-Matilda-Cocktail kreiert.

Eiswürfel, 2 cl Passionsfruchtlikör,
3 cl Sherry trocken, 2 cl Gin,
1–2 Spritzer Curaçao Triple Sec

Eiswürfel in den Shaker füllen, Passionsfruchtlikör, Sherry, Gin und Curaçao eingießen, kräftig schütteln und das Gemisch durch den Strainer in ein Cocktailglas abseihen.
Als After-Dinner-Drink geeignet.

Kleiner Wegweiser durch die Welt der Getränke

Von A wie Aperitif bis Z wie Zuckersirup

After-Dinner-Drinks beschließen ein Menü und werden häufig anstelle oder als Ergänzung eines Desserts gereicht. Sie sind oft sehr süß, sollten aber zu das Essen abschließenden Käseplatten oder Cracker passen.

Ale ist ein helles, obergäriges Bier aus England mit einem Alkoholgehalt bis zu 6%. Es wird in verschiedenen Geschmacksrichtungen hergestellt und dient als Grundlage für Mixgetränke.

Angostura Bitter ist ein hochprozentiger, braunroter Bitterlikör, der unter Mitverwendung der Rinde des Angosturabaumes hergestellt wird. Angostura nimmt man in kleinen Mengen zum Würzen von Mixgetränken, bisweilen auch zum Aromatisieren von Speisen. Unverdünnt ist er ungenießbar.

Aperitifs oder **Before-Dinner-Drinks** werden als Appetitanreger vor dem Essen serviert. Es gibt Aperitifs, die, wie Sherry oder Pico, unverdünnt getrunken werden, Longdrinks, bei denen Campari oder Vermouth mit Soda aufgegossen werden, oder Before-Dinner-Cocktails, die unterschiedliche Ingredienzen enthalten.

Aquavit ist ein ursprünglich nur in Dänemark, heute jedoch in ganz Skandinavien verbreiteter farbloser Kornbranntwein mit Kümmelaroma und einem Hauch von anderen Gewürzen. Er ist sehr geschmacksintensiv und besitzt einen Mindestalkoholgehalt von 32%.

Armagnac ist ein französischer Branntwein aus der Gascogne mit einem Alkoholgehalt von 40%. Er wird aus einem kräftigen Weißwein destilliert und ist etwas milder als Cognac.

Bacardi ist ein leichter, qualitätsvoller, aus Zuckerrohr destillierter weißer Rum.

Barack Pálinka ist ein ungarischer Aprikosenbranntwein mit kräftigem Bukett. Er wird unter Mitverwendung der Kerne aus vergorenen Aprikosen gebrannt.

Barlöffel ist eine Maßeinheit bei Mixgetränken. 1 Barlöffel entspricht etwa 5 Milliliter.

Bénédictine ist ein französischer Kräuterlikör, der vor allem bei After-Dinner-Cocktails Verwendung findet.

Biermischgetränke gibt es heiß und kalt. Warmbier und Bierpunsche sollte man nur mit Exportbier herstellen. Die anderen Bierarten sind entweder zu schwach oder, wie Starkbier, zu intensiv im Geschmack. Kalte Biermischgetränke sind vor allem an heißen Tagen ausgezeichnete Durstlöscher.

Bowle ist ein leichtes, erfrischendes Getränk aus Rot- oder Weißwein, das man mehrere Stunden vor dem Servieren mit Früchten oder würzenden Stoffen (Waldmeister, Zitrone) ansetzt und kurz vor dem Auftragen mit Sekt oder Champagner auffüllt.

Brandy ist die englische Bezeichnung für Weinbrand. Bei Obstbranntweinen wird der englische Name der vergorenen Frucht hinzugefügt (z. B. Apricot Brandy). In Deutschland ist es die Bezeichnung für einen Fruchtsaftlikör unter Zusatz des betreffenden Obstbranntweins.

Cachaça nennt man den aus Zuckerrohr hergestellten brasilianischen Branntwein.

Calvados heißt ein französischer Branntwein, der aus Cidre (Apfelwein) gebrannt wird. Er hat eine goldbraune Farbe und ein intensives Apfelaroma und wird vor allem in der Normandie hergestellt.

Campari ist ein roter Bitterlikör aus Italien, der in vielen Mixgetränken Verwendung findet.

Chartreuse ist ein französischer Kräuterlikör aus rund 130 Kräutern, der ursprünglich von Mönchen in der Grande Chartreuse hergestellt wurde. Chartreuse verte schmeckt mit 55 Vol.-% Alkoholgehalt weniger süß als Chartreuse jaune mit nur 43 Vol.-%.

Cobblers sind Erfrischungsgetränke, die mit wenig Alkohol, aber vielen Früchten hergestellt werden. Man nimmt fein zerschlagenes Eis, dekoriert mit Obst der Saison und bereitet den Drink direkt im Glas zu.

Cocktail ist ein „kurzer" phantasievoller Drink, ein Shortdrink, der gerührt oder geschüttelt im Cocktailglas serviert wird. Cocktails werden zu allen Tageszeiten getrunken und enthalten nie mehr als 5 cl Flüssigkeit.

Collins heißt ein erfrischendes Getränk, das ursprünglich nur mit holländischem Gin, inzwischen u. a. auch mit Whisky, Rum und Weinbrand zubereitet wird. Man verwendet viel Eis und Sodawasser und mixt ihn im Shaker oder direkt im Glas.

Cooler ist ein mit Ginger Ale oder einem anderen kohlensäurehaltigen Getränk aufgefüllter, eiskalter Longdrink. Er wird mit viel Eis zubereitet, vielfach mit Obst garniert und enthält reichlich Zitronensaft.

Crèmes de ... ist die Bezeichnung von dickflüssigen Likören mit niedrigem Alkoholgehalt, wie Crème de Cacao, ein hellfarbener oder dunkler Kakaolikör, Crème de Cassis, ein französischer Likör aus schwarzen Johannisbeeren, Crème de Menthe, ein in verschiedenen Farben erhältlicher Pfefferminzlikör, oder Crème de Mokka, ein besonders feiner Kaffeelikör.

Crustas nennt man Longdrinks, deren Name vom dekorativen Zuckerrand herrührt. Der Glasrand wird mit Zitrone befeuchtet und rasch in Zucker gedreht, so daß eine wenige Millimeter breite Kruste entsteht.

Curaçao ist ein weißer oder brauner Likör, der aus den Schalen unreifer Pomeranzen hergestellt wird. Es gibt ihn in verschiedenen Farben als sec (mild), double sec (herb mild) und triple sec (herb).

Daisy ist ein Damendrink, der wenig Alkohol enthält. Die Mischung aus Alkohol und Fruchtsaft wird mit Grenadinesirup und Eis, bisweilen auch mit Sodawasser aufgefüllt.

Dash nennt man einen Flüssigkeitsspritzer aus der Dash Bottle. Er entspricht etwa der Menge von 1/8 Teelöffel.

Dessertweine sind süße Süd- oder Likörweine mit hohem Alkoholgehalt wie Sherry, Portwein oder Madeira.

Eis verwendet man als Eiswürfel, zerstoßen oder geschabt. Das Wasser muß frisch und rein, das Eis so kalt und trocken wie möglich sein. Zerstoßenes Eis erhält man auf einfache Art, indem man Eiswürfel in ein Leinentuch legt und mit einem Eishammer zerkleinert. Für geschabtes Eis verwendet man einen speziellen Eisschaber.

Fancy Drinks sind Mixgetränke, die sich durch besonders phantasievolle und originelle Zusammensetzungen und Dekorationen von anderen Drinks unterscheiden.

Fizzes werden im Shaker kräftig geschüttelt und im Glas mit Sodawasser aufgefüllt. Von dem zischenden Geräusch der Spritzflasche, mit der man das Wasser einfüllt, rührt auch der Name dieses spritzigen Getränks her. Ein richtiger Fizz wird mit viel Eis, Zitronensaft, Zucker und Alkohol zubereitet.

Flips müssen sehr gut geschüttelt werden, damit sich das Eigelb, das sie enthalten, vollständig auflöst. Es sind leichte Drinks, die aus Südweinen, Likören oder Destillaten gemixt und mit Zucker, häufig auch mit Sahne, verfeinert werden. Man würzt mit Muskatnuß. Flips müssen sofort getrunken werden. Die Zubereitung eines warmen Flip erfordert sehr viel Sorgfalt.

Genever ist ein mit Gin verwandter holländischer Wacholderbranntwein.

Ginger Ale ist ein kohlensäurehaltiges, alkoholfreies und mit Ingwer gewürztes Getränk. Ähnlich in der Zusammensetzung ist auch Ginger Beer.

Grenadinesirup ist ein mit Zucker eingedickter Granatapfelsaft von intensiver roter Farbe.

Highball ist ein erfrischender, durstlöschender Longdrink, der mit Eis, Spirituosen und einer kohlensäurehaltigen Flüssigkeit wie etwa Ginger Ale hergestellt wird. Die im Glas aufsteigenden Kohlensäurebläschen geben dem Drink seinen Namen.

Juleps werden mit Minze zubereitet. Man zerdrückt frische Minze im Glas, gibt viel Eis dazu, füllt mit Spirituosen, Zuckersirup und eventuell Fruchtsäften auf und garniert mit Minzeblättern. An heißen Tagen ist die angenehme Kühle dieses durstlöschenden Drinks sehr begehrt.

Kahlúa ist ein mexikanischer Likör aus Tequila und Kaffeebohnen.

Kantalupen sind Zuckermelonen mit gelbem oder grünem Fruchtfleisch.

Kumquat oder japanische Orangen sind Zwergorangen mit einer eßbaren, zitronenähnlichen Schale.

Limetten sind eigroße, runde Zitrusfrüchte. Beliebt sind vor allem die kernlosen Sorten. Ihre Schale ist hellgrün bis grüngelblich und sehr dünn. Limetten werden wegen ihres milderen Geschmacks und ihres eigenständigen Aromas gerne anstelle von Zitronen verwendet und können auch jederzeit durch diese ersetzt werden.

Longdrinks sind all jene Getränke, die mehr als 5 cl Flüssigkeit enthalten. Sie umfassen ein breites Spektrum klassischer, erfrischender Mixgetränke von Gin-Fizz bis zu alkoholfreien Milchmixgetränken.

Maraschino ist ein heller Kirschlikör, der unter Mitverwendung des Kirschbranntweins aus der dalmatinischen Maraska-Sauerkirsche hergestellt wird.

Milch- und Joghurtmixgetränke, ob mit oder ohne Alkohol, müssen sehr gut verquirlt werden. Da Alkohol oder Fruchtsäfte die Milch zum Gerinnen bringen, sollten Milchmixgetränke sofort serviert und getrunken werden. Gut gekühlt und mit viel Eis sind Milch- und Joghurtmixgetränke erfrischende und – durch den hohen Nährwert der Grundstoffe – zugleich sättigende Drinks.

Orange Bitter ist ein aus Pomeranzenschalen hergestellter Bitter zum Aromatisieren von Cocktails.

Pisco ist ein südamerikanischer Branntwein aus Muskatellertrauben.

Pousse-Café enthält zwar keinen Kaffee, dafür aber bis zu 6 verschiedene übereinandergeschichtete Sorten von Likören, Spirituosen und Sirupen. Entstanden ist dieses verspielte Getränk – daher auch der Name – in Pariser Caféhäusern. Zuerst füllt man den schwersten Likör in ein schmales, hohes Glas, gießt dann einen leichteren, möglichst andersfarbigen Likör oder Sirup vorsichtig über den Rücken eines Teelöffels darüber und setzt dieses fort, bis die leichteste Zutat als oberste Schicht abschließt. Mit einem Trinkhalm servieren und mit diesem Schicht für Schicht trinken.

Punsch wurde ursprünglich aus 5 Zutaten hergestellt: Wasser, Zucker, Arrak oder Rum, Tee und Zitrone und kam über England nach Europa. Heutzutage gibt es vielerlei Variationen mit den unterschiedlichsten Ingredienzen. Punsche trinkt man warm und kalt.

Rosenwasser ist ursprünglich ein Nebenprodukt bei der Gewinnung von Rosenöl und wird zum Aromatisieren von Likören verwendet. Man kann es durch Mischen von alkoholisiertem Rosenöl und Wasser selbst herstellen. Mit Zucker eingekocht, läßt es sich zu Rosenwassersirup verarbeiten.

Sling ist ein Durstlöscher aus den Tropen. Wichtig ist daher, daß reichlich Eis zu der Mischung aus Wasser, Zucker, Zitrone und Branntwein gegeben wird. Selbstverständlich kann man auch mit anderen Spirituosen mixen. Sling wird nur im Shaker zubereitet, niemals gerührt.

Sodawasser ist ein (Mineral-)Wasser, dem Kohlensäure zugesetzt wurde. Es wird zum Auffüllen und Verlängern von Drinks verwendet.

Sorbet oder **Scherbett** stammt ursprünglich aus dem Orient und bezeichnet ein eisgekühltes Getränk. Heute ist es zumeist eine erfrischende Mischung aus Eis mit Wein oder Fruchtsäften und Spirituosen.

Sours sind eng mit den Fizzes verwandt. Sie enthalten jedoch mehr Alkohol und vor allem viel Zitronensaft, was diesen etwas herben Drinks ihren Namen gab. Sours werden mit viel Eis im Shaker geschüttelt und mit Zitrusfrüchten oder Maraschinokirschen garniert.

Spritzer ist eine Maßeinheit für Flüssigkeiten. Sie entspricht etwa 1/8 Teelöffel Inhalt.

Tabasco nennt man eine scharfe Gewürzsauce aus roten Chilischoten, die zum Würzen von Drinks auf Gemüsebasis verwendet wird.

Tia Maria ist ein aromatischer Likör aus Kaffeebohnen, Zuckerrohrsaft, tropischen Kräutern und Vanille.

Tequila nennt man den mexikanischen Branntwein aus dem Saft der Agaven.

Tonic Water heißt die chininhaltige, klare Limonade, die zum Auffüllen von Longdrinks verwendet wird.

Vermouth ist ein mit Wermutkraut (und anderen Gewürzen) aromatisierter, gespriteter Wein mit einem Alkoholgehalt von 15 bis 20 Vol.-%.

Worcestersauce ist eine scharfe Würzsauce aus England. Die Mischung besteht aus scharfen (Senf, Chillies), sauren (Essig) und weiteren Ingredienzen. Sie wird gerne zum Würzen von Drinks auf Tomatenbasis verwendet.

Zuckersirup ist mit Wasser verflüssigter Zucker, der als schnell lösliche Beigabe für Mixgetränke gut geeignet ist. Er läßt sich einfacher verwenden als loser Zucker.

Die Rezepte nach Gruppen

Soweit in den Rezepten nichts anderes vermerkt ist,
sind die Zutaten für ein Glas berechnet.

Biergetränke

Bowlen (kalt)

Bowlen (heiß)

Cocktails

Fancy Drinks (ohne Alkohol)

Fancy Drinks (mit Alkohol)

Fruchtsaftgetränke

Joghurtgetränke

Kaffeegetränke

Longdrinks (ohne Alkohol, kalt)

Longdrinks (ohne Alkohol, heiß)

Longdrinks (mit Alkohol, kalt)

Milchgetränke (ohne Alkohol)

Milchgetränke (mit Alkohol)

Punsche (ohne Alkohol, kalt)

Punsche (mit Alkohol, kalt)

Punsche (mit Alkohol, heiß)

Schokolade- und Kakaogetränke

Teegetränke

Die Rezepte alphabetisch

Bildquellen

Archiv Gerstenberg: 15
Archiv für Kunst und Geschichte: 12
Bilderberg/Till Leeser: 16/17 (alle)
IFA/Aberham: 2
laenderpress/FPG: 11 (beide)
Sirius Bildarchiv/Hans Joachim Döbbelin: 6, 19,
20/21, 22/23, 24–215
ZEFA/G. Kalt: 5
ZEFA/Photo Reser: 8 u.
ZEFA/Starfoto: 8 o.

In unserer Reihe der

Spezialitätenkochbücher

sind in gleicher Ausstattung bisher erschienen: